PUBLICATIONS DE L'INSTITUT INTERNATIONAL
DE LA PAIX. — N° 14 * * * * * * *

PAR LA PAIX,
POUR LE BONHEUR
DU MONDE

LE DROIT
EST LA FORCE
SOUVERAINE

PRÉCIS
d'Enseignement Pacifiste

Ouvrage présenté au Concours
ouvert par le Bureau International permanent
de la Paix à Berne
et honoré d'un Premier Prix

A. DELASSUS
Professeur à l'École Normale d'Alger-Bouzaréa

MONACO
INSTITUT INTERNATIONAL DE LA PAIX

1910

PRÉCIS

d'Enseignement Pacifiste

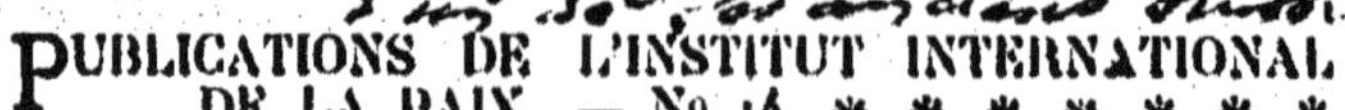

PUBLICATIONS DE L'INSTITUT INTERNATIONAL DE LA PAIX. — N° 14

PAR LA PAIX, POUR LE BONHEUR DU MONDE	LE DROIT EST LA FORCE SOUVERAINE

PRÉCIS d'Enseignement Pacifiste

Ouvrage présenté au Concours
ouvert par le Bureau International permanent
de la Paix à Berne
et honoré d'un Premier Prix

A. DELASSUS

Professeur à l'École Normale d'Alger-Bouzaréa

MONACO
INSTITUT INTERNATIONAL DE LA PAIX

1910

PRÉFACE

L'humanité subit, pendant de nombreux siècles, le fléau de la guerre sans pouvoir le combattre. C'est que les peuples étaient sous le joug.

Dès le XIX*e siècle, quand furent proclamés les droits de l'homme, l'Amérique du Nord d'abord, la Grande-Bretagne ensuite, la Suisse, puis la France, toute l'Europe enfin, récemment l'Afrique, l'Asie et l'Océanie, virent se constituer des Sociétés de la Paix. C'est-à-dire des groupements d'humains ayant pour mission de protester contre la guerre, de rechercher les moyens de la supprimer et de travailler à l'établissement d'une paix durable entre les nations.*

C'est depuis vingt années seulement que ce mouvement s'est généralisé.

Et c'est au début du XX*e siècle qu'un nom lui fut donné, que le mot "Pacifisme" fut créé.* (1)

Les organes généraux du mouvement, les Congrès universels de la Paix et le Bureau international permanent de la Paix, d'une part, les Conférences interparlementaires et le Bureau de l'Union interparlementaire, d'autre part, fonc-

---

(1) Ce titre fut soumis à la critique publique par notre article de l'*Indépendance Belge* du 15 Août 1901. Très combattu dès l'abord, il s'imposa rapidement ; il est maintenant adopté par tous et semble à chacun dater d'une époque lointaine.

tionnent avec régularité. Deux Conférences intergouvernementales pour la Paix se sont réunies à La Haye ; une troisième est en préparation.

Les institutions qui manquent au monde pour que la Société des Nations civilisées soit normalement constituée, pour, en un mot, que la Paix légitimement souhaitée par les peuples soit établie, sont aujourd'hui connues.

Il s'agit de doter la Société internationale d'une administration qui respecte l'autonomie de ses membres, d'une loi qui règle leurs relations et d'une justice qui résolve leurs différends.

Ces institutions ont été indiquées, précisées, discutées, approuvées ; elles ne rencontrent plus que l'opposition d'esprits retardataires ou de serviteurs de quelque cause intéressée, étrangère à l'intérêt général et public.

Éducateurs, philosophes, penseurs, philanthropes, hommes d'État, avaient manifesté souvent leur espoir en une vie meilleure de l'humanité, mais l'état anarchique international les amenait à rejeter très loin encore la réalisation de leurs ardents désirs.

Les progrès du Pacifisme, la transformation progressive, en lois positives, de règles du droit international jusqu'ici purement morales, permettent d'envisager l'instauration relativement prompte d'une ère nouvelle dans les relations entre les peuples.

Les origines de cette évolution, son historique, les conceptions présentes, leurs causes et leurs conséquences peuvent-elles rester ignorées des générations nouvelles ? L'enseignement doit-il s'arrêter au passé ou doit-il au contraire se préoccuper de l'avenir ?

Si l'humanité peut se préparer un sort meilleur, les éducateurs doivent-ils y rester étrangers, ou y apporter leur contribution ?

La réponse n'est pas douteuse.

Le rôle de l'école, en tous pays, est de combattre l'ignorance, de détruire l'erreur, d'accélérer le progrès.

L'établissement de la justice entre les associations les plus considérables qui soient au monde, entre les nations, l'organisation de la Paix, sont incontestablement des progrès. La jeunesse studieuse doit être préparée à y coopérer afin de jouir au plus tôt de leurs bienfaits.

Ce sont ces sentiments qui nous ont guidé dans l'institution du deuxième Concours Narcisse Thibault, demandant aux personnalités compétentes d'écrire un Précis *pour servir à l'enseignement du Pacifisme dans les écoles de tous degrés.*

Le remarquable travail de M. le Professeur Delassus, fut de ceux qui répondirent complètement à nos espérances. Il obtint un premier prix. Sa popularisation s'impose, Il doit être bientôt aux mains de tous les maîtres et de toutes les maîtresses, de tous les élèves, jeunes filles ou jeunes gens des diverses écoles, dans les divers pays.

Aussitôt connu, il sera traduit en plusieurs langues. Et dans quelques années nul n'ignorera les données précises du problème pacifiste que les traditionnalistes s'efforcent à grand peine de tenir cachées.

Et de nouveaux progrès se succèderont. Et bientôt enfin il sera permis d'utiliser pour la vie *les immenses forces humaines, consumées improductivement depuis des siècles en une préparation* à la mort, *organisée par les hommes eux-mêmes!*

La reconnaissance de l'opinion publique ira directement alors aux écrivains qui, par des œuvres à sa portée, auront permis de l'éclairer, aux membres du corps enseignant qui auront répandu à flots cette lumière parmi les peuples, obligeant ainsi la guerre et ses horreurs, la violence et ses crimes à reculer, à disparaître, à laisser enfin place à la Paix, à la Liberté, au respect et au règne du Droit.

ÉMILE ARNAUD

Président de la Ligue Internationale de la Paix
et de la Liberté.

Luzarches, le 17 Août 1910.

Quelques mots d'explication.

Je n'ai pas la prétention d'ajouter quoi que ce soit à l'éloquente préface dont M. Emile Arnaud a bien voulu honorer mon livre. Il y a magistralement résumé le pacifisme. Je tiens seulement à dire ici quelles sont les règles que je me suis imposées dans la composition de mon *Précis*.

J'ai voulu, tout d'abord, exposer toute la théorie pacifiste aussi brièvement que possible. On comprendra donc que je ne sois pas complet sur tous les points. Je les ai indiqués tous, me semble-t-il, je n'en ai pas épuisé le développement.

Je ne me suis pas non plus étendu sur toutes les applications du pacifisme, mais je crois avoir montré les principales, comme le demandait le jury (1).

J'ai, enfin, fait connaître, dans leurs grandes lignes, les plus importants des projets contre la guerre, que n'ont pas approuvés les Congrès pacifistes ou qu'ils n'ont pas encore discutés. J'ai dit, à leur propos, ce que j'en pense. C'est évidemment, dans cette partie, que j'ai le plus affirmé mon originalité. Pour le reste, j'ai surtout résumé de nombreux ouvrages : la composition et la forme seules m'appartiennent. Il est vrai que La Bruyère écrivait déjà il y a plus de deux siècles : « Tout est dit et l'on vient trop tard, depuis sept mille ans qu'il y a des hommes et qui pensent ».

---

(1) Le jury fixait à 30.000 lignes, de préférence, l'étendue du *Précis*.

Pour un ouvrage de vulgarisation, j'ai estimé qu'un plan très simple et très net s'imposait, et je me suis attaché à en découvrir un.

Quant à la forme, j'ai recherché d'abord une parfaite clarté. Je me suis efforcé de saisir l'expression la plus directe et la plus ramassée. Je souhaitais qu'aucun mot de mon *Précis* ne pût être remplacé avantageusement, qu'aucun ne pût être supprimé sans tailler dans le vif. Toutefois, je ne voulais pas que mon livre fût trop sec : j'ai essayé d'y mettre un peu de relief, de couleur et d'ironie. Le livre le plus long peut être le plus court si son aridité rebute. Voilà quelles ont été mes ambitions. Aux lecteurs de juger, si elles ont été tout à fait vaines.

L'Auteur.

PREMIÈRE PARTIE

LA GUERRE EST L'ENNEMIE

PRÉCIS D'ENSEIGNEMENT PACIFISTE

PREMIÈRE PARTIE

La Guerre est l'Ennemie

CHAPITRE PREMIER

Le principe d'union des pacifistes.

Il conviendrait, semble-t-il, de donner ici une définition du pacifisme. Nous remettons cependant ce soin à plus tard. La raison en est que les partisans de cette doctrine appartiennent à des camps politiques fort divers. Il s'ensuit que, s'ils ont un idéal commun, ils sont divisés sur les moyens de le réaliser. A la vérité, la plupart d'entre eux sont d'accord, aussi bien sur le but à atteindre que sur le chemin pour y parvenir. Toutefois, nous croyons devoir poser d'abord le principe qui, sans exception, les unit. Le plan de notre Précis en sera beaucoup plus net.

La guerre, pour tous les pacifistes, est l'ennemie. Ils estiment tous qu'elle est une façon cruelle, ruineuse, aléatoire, inique, féconde en funestes conséquences économiques, intellectuelles, morales, de régler les litiges entre nations.

C'est ce principe dont nous montrerons la vérité, dans notre première partie :

La guerre est l'ennemie.

Dans la deuxième, nous examinerons :

Ce qu'on a déjà tenté contre la guerre.

Dans la troisième :

Ce qu'on propose encore contre elle.

CHAPITRE II

La guerre est cruelle.

La guerre est le plus cruel des moyens de régler les litiges entre les nations. On lui a reconnu ce caractère à toutes les époques. Ceux qui en étaient les plus partisans, ceux qui se plaisaient à la peindre, en l'entourant d'une auréole de gloire, n'ont pu dissimuler ses atrocités. Il paraîtra presque superflu de retracer ses horreurs, tellement elles ont été l'objet de nombreux et de vivants tableaux. Il le faut cependant. Si ce n'est pas, aujourd'hui, au cœur que les pacifistes prétendent surtout s'adresser, s'ils veulent convaincre la raison, montrer l'inutilité, l'absurdité actuelle, l'immoralité de la guerre, plus encore que sa férocité, il est bon que l'on rappelle brièvement le plus grand et le plus constant des reproches qu'on lui ait faits.

Les chantres épiques, et, à leur tête, Homère, se sont eux-mêmes émus des maux qu'elle engendre. Ceux qui exaltaient les héros belliqueux se laissaient arracher parfois des cris de pitié pour ses victimes. Malherbe, qui rêvait, pour l'enfant à naître de Marie de Médicis, la conquête de l'Univers, aspirait cependant, pour le peuple français, aux douceurs si attendues de la paix. Fénelon trouvait les hommes qui s'entr'égorgent plus sauvages que les fauves. Ceux-ci n'attaquent que des animaux d'espèce différente de la leur. Chez les poètes modernes, que de tableaux pleins de couleur sur les horreurs des mêlées ! Ils sont singulièrement expressifs ces traits de Hugo représentant le soir d'une bataille :

. . . .
Une dispersion de membres foudroyés,
Des bras rompus, des yeux troués et noirs, des ventres
Où fouillent en hurlant les loups sortis des antres

Napoléon lui-même ne put réprimer un frémissement devant les trente mille corps sanglants, étendus sur la neige rougie d'Eylau.

Mais exposons seulement les faits contrôlés : meurtres, vols, viols, ruines, qui sont le cortège permanent de la guerre. Ils parleront aussi éloquemment contre son atrocité que les plus émouvants écrivains.

Sans doute, elle est aujourd'hui moins féroce qu'elle n'a été, si nous considérons les règles qui la régissent, dans les pays dits civilisés. On n'achève plus les blessés ; on les recueille, au besoin, dans les ambulances de leurs ennemis mêmes. La Croix Rouge est un palladium qui préserve, autant que faire se peut, les hôpitaux, les malades, les médecins, les infirmiers. Elle sert d'étendard à la petite patrie de la pitié humaine, au milieu des fureurs anarchiques. Pourtant Jean de Bloch ne croit pas, dans les guerres futures, pleinement à son efficacité protectrice, malgré la bonne volonté des belligérants. Les zones dangereuses seront trop étendues, sur les champs de bataille, pour qu'on puisse assurer la vie des blessés et de leurs sauveteurs. La guerre du Transvaal semble prouver que Jean de Bloch est dans le vrai. Admettons toutefois qu'il se trompe. Reconnaissons encore qu'on ne met plus à feu et à sang les villes ouvertes. On n'oserait pas, non plus, massacrer désormais, sans distinction, les femmes et les enfants d'une place prise d'assaut. Les droits des neutres seront respectés, et la course a été abolie.

En principe donc, la guerre s'est humanisée. Mais les armées sont devenues bien plus nombreuses, les armes, infiniment plus redoutables : aussi ses cruautés sont-elles, en fait, aussi effrayantes, plus effrayantes peut-être que dans le passé. Quelques mêlées, plus légendaires qu'historiques, l'emporteraient seules en férocité sur les batailles de Mandchourie. La guerre russo-japonaise a fait environ un demi-million de cadavres. A elles seules, les dix-huit journées successives : du 23 février au 12 mars 1905, ont vu, autour de Moukhden, la sinistre moisson de quatre-vingt-douze mille jeunesses en fleur. (1) Et pourquoi ces massacres ? Pour la conquête d'un sol qui n'appartenait à aucun des belligérants ! Timour-Lenk, disait-on, avait entassé une pyramide de têtes humaines, en sinistre trophée d'une de ses victoires. Quelle pyramide n'aurait-on pas élevée avec les têtes des vaincus et des vainqueurs tombés à Moukhden ! Quel sombre banquet n'eût-on pas offert aux corbeaux ! Verestchagine, le grand peintre des horreurs de la guerre, nous a montré un tableau pareil. Au-dessus de crânes luisants, aux yeux mangés, les oiseaux de deuil volent d'un vol lourd, cherchent, avec des cris rauques, la provende disparue, que leur avait si libéralement préparée un conquérant depuis longtemps dans la tombe. Ces corbeaux, pèlerins noirs des champs de carnage, il les a montrés encore, se posant sur les fils télégraphiques des plaines glacées de Plevna, ou s'abattant sur un dernier lambeau de cadavre. Si les morts de

---

(1) Et les morts dans les batailles ont été, en toutes les guerres, très inférieures en nombre aux morts par maladies. Le choléra, le typhus, toutes les contagions sont les compagnons sinistres des troupes en campagne. D'après Jean de Bloch, en Crimée, il y a eu 20 décès par maladie pour un par les armes.

Moukden avaient été alignés sanglants sur la neige de Mandchourie, ils auraient formé une allée funèbre de vingt-cinq kilomètres. C'est un passage lent au milieu d'une double haie pareille qui conviendrait au triomphe des Napoléons. Ils pourraient contempler leur œuvre, et les honneurs leur seraient rendus par leurs victimes.

Les tueries de Mandchourie ont été bien épouvantables. Que seront les guerres, dans l'avenir, si la sagesse des nations n'y met un terme. Il n'y a eu, à l'extrémité de l'Asie, que deux peuples en conflit. L'un d'eux au moins n'a pas armé tous ses enfants. Que verrions-nous, en Europe, où la lutte de deux nations allumerait probablement la conflagration de tout l'Occident? Jean de Bloch estime que, dans chaque camp, cinq millions d'hommes seraient mis sur le pied de guerre, par la double et la triple alliance seules. Ce calcul n'est qu'approximatif : le système des alliances est, depuis qu'écrivait de Bloch, un peu changé ; d'autres peuples que l'Allemagne, l'Autriche, l'Italie, la France et la Russie prendraient peut-être part au conflit. Il semble donc que le nombre de 10 millions de combattants (1) serait au-dessous de la réalité. Mais, d'autre part, il n'est pas dit que tous les belligérants pourraient mettre en ligne ou emploieraient toutes leurs forces militaires. Ils auraient, pour diverses raisons, des troupes indisponibles, et devraient compter aussi avec leurs ressources. Quoi qu'il en soit, une guerre en Europe verrait aux prises cinq, six, huit fois autant de soldats pour le moins que celle de la Russie et du Japon : les morts seraient donc cinq, six, huit fois plus nombreux. Elle ferait deux millions et demi, trois, quatre millions de cadavres.

Et les progrès des armes ne s'arrêtent pas un seul instant. C'est chaque jour plus loin que les balles

(1) M. Elie Ducommun parle de 19.000.000 de combattants.

peuvent aller chercher leur proie. Leur trajectoire est, de plus en plus, tendue. Elles ne frappent donc plus à l'extrémité de leur course seulement, mais sur tout leur parcours. Une d'elles fait parfois plusieurs victimes. On les a pourtant prétendues plus humaines. On a dit qu'elles tuaient moins. C'est une erreur. Celles de la guerre franco-allemande n'étaient pas plus meurtrières pour ceux qu'elles atteignaient, et les balles actuelles atteignent plus de combattants, sur leur chemin bien plus long. Certaines font éclater les os, déforment les crânes, les ouvrent comme des grenades mûres, produisent l'effet de balles explosibles.

Les canons, de plus en plus redoutables, envoient aussi toujours plus loin leurs obus ou leurs schrapnels, dont un seul peut étendre sur le sol une centaine de soldats. Et les mitrailleuses versent de sinistres pluies de balles. (1)

On prévoit le moment où deux innombrables armées seraient capables de s'anéantir réciproquement, en quelques heures, si elles s'abordaient sans abris, en rase campagne. Aussi Jean de Bloch pensait-il que les guerres de l'avenir seraient interminables, parce qu'elles deviendraient des guerres de sièges. Leurs victimes n'en seraient pas diminuées d'ailleurs : car elles dureraient jusqu'à l'épuisement des antagonistes.

Ils peuvent être effrayants ces cadavres informes, aux faces crispées, aux yeux convulsés, sans regard, amputés par les obus, troués ou déchiquetés par les balles, livides sous le sang qui les souille. Oui, ils sont une douleur pour les survivants qui les voient, eux ont cessé de souffrir. Mais, songeons à ceux qui, recueillis gémissants sur les champs de bataille, languissent de longs mois dans les hôpitaux, ris-

---

(1) On expérimente actuellement une mitrailleuse sans explosif qui lancerait 1,200 balles à la minute.

quent à tout instant d'être repris par la mort à laquelle on les a arrachés. Songeons à la fièvre qui les dévore, aux tortures des opérations terribles qu'ils subissent, aux plaies qui les défigurent, les rendent un objet de dégoût, malgré la pitié et même l'admiration qu'ils inspirent. Ce sont, jusqu'à la tombe libératrice, des victimes permanentes des guerres ; ils ne vivent plus que d'une vie diminuée et douloureuse. Les plus glorieuses des blessures ne sont pas moins, le plus souvent, des blessures hideuses.

La bataille est finie : elle a fait des cadavres, elle a fait des infirmes. La guerre, dont elle est un épisode, n'a pas cependant épuisé ses fureurs. Ne parlons pas des sauvages qui achèvent les blessés ou les mutilent horriblement, et dont la férocité ne connaît pas de lois ; considérons les peuples dits civilisés, et en des temps tout voisins du nôtre. Voici, d'après un témoin oculaire, comment ils se conduisent à l'égard de vieillards, de femmes, d'enfants, quand ils n'ont plus pour excuse l'enivrement de la poudre et de la mêlée. « Dans la dernière campagne « de Chine, dit un officier de l'infanterie de marine, « de Takou à Tien-Tsin, ce n'est plus qu'un seul « cimetière. »

C'est une route de victorieux, et c'est ainsi qu'on la reconnaît !

« Les soldats se précipitent, écrit un autre, enfon- « cent à coups de crosse les murailles des maisons, « font voler en éclats les meubles, et sous les nattes, « sous les couvertures, et sous les bottes de sorgho « amoncelées, découvrent des hommes, des femmes, « des enfants pêle-mêle, serrés, recroquevillés en- « semble, regardant ces fusils, ces poings levés, « avec des yeux fous, des yeux de bêtes traquées qui « ne voient plus, qui s'enfoncent dans l'orbite et « roulent comme des billes blanches.

« On les empoigne par les cheveux, par la peau

« du ventre, par les pieds On les traîne, on les « pousse ; les torses rebondissent sur les dalles, les « crânes cognent la pierre. Les enfants hurlent, les « femmes hurlent. Les hommes, eux, ne cherchent « pas à se défendre. Ils se couchent, ils tendent les « bras, découvrant la poitrine — et la baïonnette s'y « enfonce. Alors, ils pantèlent, et ils meurent..... « On les a tués comme des veaux.

« Dans une des cours où nous venons d'entrer, dit « l'académicien Loti, le tendre poète mélancolique, « si aimé des âmes féminines les plus délicates, un « chien galeux travaille à tirer, tirer quelque chose de « dessous des piles d'assiettes cassées, le cadavre « d'un enfant dont le crâne est ouvert. Et le chien « commence de manger ce qui reste de chair pourrie « aux jambes du petit mort... Çà et là, des jambes, « des mains, des têtes coupées, des paquets de « cheveux. Osman tout à coup recule devant quelque « chose qui sort d'un seau posé sur le plancher : « deux cuisses décharnées, la moitié inférieure d'une « femme fourrée dans ce seau, les jambes en l'air. « La maîtresse de cet élégant logis sans doute... Le « corps ? qu'est-ce qu'on a fait du corps ? Mais la « tête, la voici : c'est sûrement ce paquet noir, où l'on « voit s'ouvrir une bouche et des dents parmi de « longs cheveux...

..... « Les Russes embrochent les enfants à la « mamelle, et les jettent en l'air pour les attraper de « nouveau à la baïonnette... »

C'était au nom de la civilisation que se fit la campagne de Chine !...

On le voit. Ce n'est pas seulement dans la nuit de Troie

..... que la vieillesse et l'enfance,
En vain, sur leur faiblesse, appuyaient leur défense.

Les vainqueurs très policés d'aujourd'hui se baignent aussi « à loisir dans le sang d'un enfant ». Et il était nécessaire de répondre à la cruauté des Boxers qui, en somme, croyaient servir leur pays, par la cruauté plus grande des Européens envahisseurs. Ceux-ci n'affirmaient-ils pas ainsi leur supériorité ? C'est que, lorsque, dans la guerre, lorsque, par la guerre, la brute est déchaînée, elle ne peut plus se retenir, ni se rassasier de carnage. L'homme moderne qui pense, qui sent, disparaît : c'est le barbare des temps primitifs qui renaît. Si, alors, il hésite parfois devant la force qui résiste et menace, il éprouve une âcre jouissance à frapper la faiblesse qui pleure et supplie.

La guerre, c'est le meurtre, pendant la mêlée, c'est le meurtre après la victoire, c'est le meurtre du combattant ennemi, c'est le meurtre de l'innocent sans appui. C'est aussi le vol ! Quoi ! le vol, à notre époque ! C'est, dira-t-on, une accusation sans fondement d'un de ses adversaires. On veut la montrer non seulement cruelle mais vile. Elle est couverte de sang, non de boue.

Les faits sont là cependant probants, prouvés. La différence entre hier et aujourd'hui, c'est que hier, en 1861, les pillards du Palais d'été enrichirent Fontainebleau des dépouilles chinoises, et furent considérés, par leurs compatriotes, comme des bienfaiteurs publics, tandis que la République française refusa d'accepter les caisses d'objets dérobés en Chine. La France eut une noble honte, si certains combattants français n'en eurent pas. Mais sait-on ce que les pillards gardèrent pour eux ?...

Admettons qu'actuellement les troupes envoyées contres les Marocains en soient réduites, par les nécessités de la lutte, à razzier les troupeaux de tribus misérables(1), nous conclurons toutefois qu'il y a des besognes plus dignes d'une grande nation. Si la

(1) Écrit en 1908.

guerre oblige à dépouiller des meurt-de-faim, elle est une bien horrible chose!...

La guerre, c'est l'assassinat érigé en acte méritoire, héroïque; la guerre, c'est le vol patriotique; la guerre, c'est le viol. Les femmes souliotes ne sont pas les dernières qui réfugièrent leur pudeur dans la mort volontaire. En Chine encore, à l'approche des alliés: des professeurs de civilisation, « on voyait des jeunes filles entrer dans « les eaux basses et tenir délibérément leurs têtes « sous la surface jusqu'à la noyade complète. »

La guerre, c'est encore l'incendie. On se représente volontiers et avec raison le conquérant sur un cheval noir, piétinant, impassible, des cadavres mutilés et détachant sa sombre silhouette sur un fond de sinistres lueurs.

Il y a eu les deux incendies du Palatinat qui ravirent leurs misérables asiles à ceux que la guerre avait épargnés. Moscou, transformé en fournaise, chassa, par les flammes, ses vainqueurs. Que d'autres villes furent réduites en cendres par les obus! Faut-il évoquer encore les Arabes enfumés dans les grottes du Dahra? Quel triste tableau que celui de Wagram où d'immenses moissons dorées, fruit d'un long effort de la terre et du laboureur, prêtes à nourrir des multitudes, se consument en quelques heures de bataille, brûlant avec elles, en d'atroces tortures, les blessés incapables de fuir la marée de feu. L'aliment de vie devenu une source de mort! Des champs de blé transformés en bûchers gigantesques: voilà ce que fait la rage criminelle de la guerre!

La cruauté de ce fléau n'est cependant pas épuisée, lorsque les belligérants ont mis bas les armes. C'est à ce moment qu'on peut voir les plus vaillants des vainqueurs et des vaincus, ceux qui représentaient la jeunesse en fleur, la force virile, l'espérance de leurs nations, boiteux, manchots, mutilés, martyrs grotesques. Le grand Callot a représenté, dans une de ses gravures réalistes, ce spectacle impressionnant, en Allemagne, après la guerre de Trente ans.

Les pays où le fléau a passé sont ceux aussi où les vêtements et les visages sont pour longtemps en deuil. On y rencontre, à tout instant, des mères qui ont perdu tout amour de la vie, toute raison de vivre : leurs enfants dorment là-bas, bien souvent, elles ne savent où, sans qu'elles puissent trouver, sur les tombes ignorées de ceux que la guerre leur a pris, le triste soulagement des larmes. Les fiancées sont veuves avant d'avoir été mariées. La folie ou le désespoir sont désormais leurs compagnons. A combien de foyers le pain va manquer maintenant ! Le père qui l'assurait a disparu dans la mêlée, et sa place sera toujours vide à la table familiale qu'il n'alimente plus ! Peut-être l'Etat viendra-il au secours des femmes que la guerre a rendues veuves, des enfants qu'elle a rendus orphelins. Mais, lorsqu'elle a été très sanglante, le peut-il dans une mesure suffisante ? Et elle le sera toujours désormais ! Il empêchera tout au plus de mourir littéralement de faim les parents de ceux qui lui ont fait le plus grand des sacrifices : le sacrifice de leur vie.

Ce qu'il ne saurait réparer, c'est la perte des affections ; ce qu'il ne pansera jamais, ce sont les blessures éternelles au cœur de ceux à qui la guerre a ravi leurs êtres les plus tendrement chéris.

CHAPITRE III

La guerre est coûteuse.

La guerre est le moyen le plus coûteux de régler les litiges entre les nations. Elle coûte beaucoup d'or, si elle coûte beaucoup de sang. C'est parce qu'on la regarde comme encore possible, c'est parce qu'on la regarde comme probable même ; c'est parce qu'on la prépare, c'est parce que les grandes puissances n'ont pas toutes voulu, à cette heure, envisager une autre solution à leurs conflits d'intérêts, que tous les Etats civilisés ploient sous le faix, chaque jour plus écrasant, de leurs dépenses militaires. La guerre est trop coûteuse, avant même d'éclater.

L'Allemagne, sur le pied de paix, entretient près de 600.000 soldats, et la France s'efforce de ne pas lui être trop inférieure. Tous les autres Etats civilisés suivent le mouvement, dans la mesure de leurs forces. La Triplice, en 1907, avait 1.237.000 hommes sous les drapeaux, et la Duplice, 1.868.000.

Toutes les nations ont, chaque jour, de même, des vaisseaux plus nombreux, plus puissants, plus coûteux. Il faudrait ici entasser les chiffres des dépenses militaires, plus éloquents que toutes les paroles : mais ils seraient faux dans quelques mois. De plus, s'ils sont convaincants, ils fatiguent et s'oublient.

Toutefois, on peut considérer que si la France, ou l'Allemagne, ou l'Angleterre ajoute quelques régiments à son armée, quelques navires à sa flotte, tous les autres pays civilisés veulent faire autant ou davantage, rattraper celui qui a pris les devants, le dépasser même, s'ils en sont capables : tous courent plus fiévreusement à la misère, à la ruine.

Chaque année, dans tel ou tel État, une arme est démodée, et l'on songe à la remplacer. En 1874, le fusil Gras fait rejeter le Chassepot; en 1887, le Lebel lui succède, et le Lebel — qui, entre temps, a été muni d'un magasin — est regardé comme insuffisant. C'est constamment de nouveaux canons que l'on invente ; ce sont des vaisseaux de types divers qui se succèdent rapidement. Ces fusils, ces canons donneront à la nation qui en sera pourvue l'hégémonie du monde. Les cuirasses les plus récentes sont des remparts que l'on ne saurait traverser. Quelques jours s'écoulent, et l'on découvre un fusil plus meurtrier, un canon plus destructeur ; et des obus jusqu'alors inconnus font une loque de la cuirasse naguère impénétrable.

Ainsi les armes, les vaisseaux, les fortifications sont hors de service avant d'avoir servi. Des milliards ont été employés à fabriquer des objets que l'on reconnaît inutiles à peine achevés. Actuellement, dans les chantiers des diverses marines, on construit des navires formidables, de quinze à vingt mille tonnes, d'une vitesse de dix-huit à vingt nœuds, valant trente, quarante, cinquante millions. Oh! à ceux-ci rien ne résistera ! L'empire des mers leur est assuré. Ils seront à peine à flot qu'on imaginera un sous-marin pour les réduire en miettes, ou qu'on songera à des vaisseaux plus monstrueux et plus rapides. L'Angleterre n'en met-elle pas en chantier un de soixante-deux millions ?

Telle est la paix armée. Elle cause tant de dépenses qu'on a pu envisager l'idée d'une guerre, suivie d'un désarmement imposé par le vainqueur, pour y mettre un terme. Quelques-uns la considèrent comme une simple trêve. Certains, comme une guerre véritable sans combats.

Voyons donc ce que coûteraient des hostilités avouées. Un soldat russe a dépensé 10 francs par jour durant le conflit russo-japonais. M. J. Roche estime que, pour un soldat français, il faudrait au moins 11 francs par jour. Au Maroc, il ne coûte quotidiennement que 8 à 9 francs (1), mais on ne livre pas là de grande bataille. Il n'y pas à s'étonner que l'entretien d'un combattant soit à un tel prix. Les vivres, pour les troupes en campagne, sont difficiles à acheter, difficiles à faire parvenir à destination. Dans une grande guerre, où d'énormes approvisionnements seraient nécessaires, leur valeur monterait même prodigieusement, en vertu de la loi de l'offre et de la demande. Les munitions sont aussi très coûteuses. Dans l'expédition du Maroc, simple opération de police, le bombardement du moindre village revient à 20.000 francs. 1.000 coups de canon de campagne ont dépensé 25.000 francs. Et les grosses pièces de siège, dans une guerre européenne, dissiperaient plus de 5.000 fr., toutes les fois qu'elles tonneraient, si l'on tient compte de l'amortissement du capital qu'elles représentent : car elles s'usent rapidement. Un grand vaisseau emmagasine, dans sa sainte-barbe, plus de cent millions de poudre et de projectiles. Un seul combat de quelques heures pourrait épuiser cet approvisionnement.

Le chiffre de 11 francs par combattant et par jour ne paraît donc pas exagéré. Or, la France compterait, avec toutes les réserves, près de 4 millions de combattants, dans une guerre européenne ; c'est dire que

(1) Vingt-deux millions de frais supplémentaires ont été dépensés en un an, pour un corps expéditionnaire de 10.000 soldats en moyenne.

sa dépense journalière s'élèverait à 44 millions. Si les hostilités duraient huit mois, comme en 1870-1871, elles lui coûteraient dix milliards et demi. Il est d'ailleurs probable qu'elles se prolongeraient davantage, si la paix ne se concluait qu'après un résultat définitif. La guerre russo-japonaise n'a été terminée qu'au bout de quinze mois, et encore grâce à l'intervention du président Roosevelt. Cependant, l'un des belligérants n'y a éprouvé que des défaites : quand eût-elle pris fin, si la victoire avait favorisé, tour à tour, l'un et l'autre des deux camps? Les guerres futures donc seraient de plus en plus longues, si on ne les achevait qu'après le succès complet de l'un des combattants, et elles occasionneraient de si effroyables dépenses qu'aucun d'eux ne se trouverait assez riche pour les soutenir jusqu'au bout.

Ce qui est dit ici de la France est vrai, en effet, de tous les peuples européens. Jean de Bloch et Elie Ducommun estiment que, pour dix millions de soldats en campagne — ce serait le nombre probable, pensent-ils, dans une lutte entre la France, l'Allemagne, l'Autriche et l'Angleterre — la dépense annuelle monterait à quarante-cinq milliards. S'il y avait 19 millions d'hommes sous les armes, c'est-à-dire autant qu'en pourraient mettre en ligne les quatre États cités, plus la Russie et l'Italie, le coût serait de 85 milliards et demi.

Admettons toutefois que les belligérants n'aient jamais au combat que la moitié ou même le quart de leurs troupes : il est certain, en effet, qu'aucune nation, à aucun moment de la lutte, n'aurait appelé tous ses défenseurs. Il lui serait prudent de conserver d'abondantes réserves. La dépense de la moitié ou du quart de 85 milliards et demi n'en serait pas moins effroyable, et l'Europe ne la supporterait pas.

Comment la France, par exemple, qui, en temps de paix, inscrit douze millions environ par jour, pour tous ses besoins nationaux, en trouverait-elle, en guerre, de deux à quatre fois plus (1), pour les seules nécessités de la lutte ? Tous les services publics continueraient cependant à coûter, et, sans doute, davantage. Il y aurait un renchérissement de toutes choses à cause de la diminution des productions et de l'interruption des transports. L'Etat devrait pensionner les parents des victimes de la guerre, secourir les femmes et les enfants de ceux qui combattraient pour lui. Quand le père et l'époux ne seraient plus au foyer, pour y apporter le pain quotidien, il faudrait bien que le pays se substituât à eux. Ce ne serait donc pas de 22 à 44 millions que la France dépenserait par jour de guerre, mais, vraisemblablement, de cinquante à soixante-dix. Et l'on estime que ses facultés impositaires ne dépassent guère ce qu'elle paie actuellement. Comment tirerait-elle, de quatre à six fois plus, de ses habitants appauvris ? Comment, au moment où ses forces productrices seraient, au contraire, considérablement réduites ?

Du jour de la mobilisation, en effet, le tiers ou la moitié des adultes quitteront le travail. Et ceux qui manqueront aux champs ou à l'atelier seront précisément les plus actifs. Ceux qui y demeureront gagneront moins qu'en temps de paix. Les troubles de la guerre, la circulation incessante des troupes, l'occupation des points stratégiques diminueront considérablement le labeur utile de ceux qui s'y livreront encore. Et puisque l'impôt rapporte d'autant moins que la production est plus faible, comment une production, plusieurs fois plus faible, rapporterait-elle, de quatre à six foix plus, au trésor français ? Et nous ne comptons pas que ces contribuables, à qui l'on demanderait quatre ou six fois

---

(1) M. Elie Ducommun dit 10 fois 1/2 plus : 125 millions. Le chiffre nous paraît excessif.

plus, payeraient leurs aliments, leurs vêtements beaucoup plus qu'en temps de paix, tandis qu'ils gagneraient moins. Quelle misère générale ! Quelle affreuse détresse !

Ce qui est dit ici de la France s'applique, nous le répétons, à tous les autres pays, et beaucoup d'États moins riches qu'elle, souffriraient davantage de la guerre.

Compterons-nous le capital humain qui s'épuise, le capital humain, le plus précieux de tous ? Non, on ne peut évaluer cette perte inestimable. Mais songeons aux chemins de fer que l'on détruit, aux ponts que l'on fait sauter, aux maisons que les obus éventrent, à toutes ces richesses de la civilisation anéanties.

Les nations belligérantes devront donc, avant le commencement des hostilités, pendant et après les les hostilités, contracter des emprunts. Mais répondra-t-on à leurs appels au crédit ? Les capitalistes déplaceront-ils leur argent, engagé dans des banques ou des spéculations, pour le prêter à des pays qui vont le jouer dans le hasard des combats ? S'ils s'y décident, ce ne sera qu'à condition d'en recevoir un intérêt très élevé. La France, après 71, n'a trouvé prêteur qu'à plus de 6 %. La seule menace d'une guerre fait effondrer les cours des rentes d'État. Que produirait la réalité ? « Les peuples en conflit, pense Jean de Bloch, en seraient réduits à l'émission de papier monnaie, dont la valeur diminuerait fatalement, à la suite d'une émission trop considérable, qui ne tarderait pas à se produire. »

Croit-on qu'il puisse exister un moyen plus ruineux que la guerre de régler les litiges entre nations ? Ne gagnerait-on pas infiniment à renoncer d'avance au plus grand des profits espérés de la plus éclatante des victoires ?

On objectera que, tout au moins, le vainqueur peut exiger une indemnité de guerre du vaincu, et rentrer ainsi dans ses frais, se faire rembourser même plus qu'il n'a dépensé. Ce n'est plus de notre temps, et le Japon, qui écrasa son adversaire, ne l'osa pas.

Mais admettons-le. Cette façon de traiter en marchand n'est-elle pas, chez le triomphateur, tout à fait odieuse ? N'a-t-il pas l'air d'estimer en argent le sang de ses morts ? Est-il sûr d'ailleurs que la nation abattue soit solvable ? Comment le vainqueur ne pourrait supporter les frais de la lutte pour lui seul, et le vaincu serait en mesure de les acquitter pour lui et pour son antagoniste ? Ce n'est pas vraisemblable. Et alors, quel sera le gage de la dette ? L'occupation indéfinie et tyrannique du sol soumis? L'humanité ne se révolte-t-elle pas contre une pareille iniquité ? Nous verrons, dans les chapitres suivants, ce qui arriverait, sans doute, en une pareille éventualité. Supposons, pour l'instant, que l'indemnité de guerre réclamée par le vainqueur lui soit versée intégralement. Celui-ci en serait-il plus opulent ? L'argent du jeu ne porte jamais bonheur : il en est ainsi de celui qui est acquis au jeu des combats et du hasard. Il est vite dévoré. Les cinq milliards que l'Allemagne, après 1871, a reçus de la France, n'ont pas allégé son budget. Elle a été entraînée à se couvrir de forteresses, comme d'une cuirasse impénétrable, à augmenter, depuis, sans cesse, son armée. Qu'on fasse le compte de tout ce qu'elle a dépensé ainsi : on jugera si une paix équitable et généreuse n'eût pas eu pour elle plus d'avantages. Une nation victorieuse, qui veut tirer parti de son succès, doit se prémunir contre une revanche possible, et elle perd ainsi le bénéfice des indemnités de guerre les plus excessives.

CHAPITRE IV

La guerre est aléatoire.

La guerre est cruelle ; la guerre est coûteuse : elle est encore le plus aléatoire des moyens de régler les litiges internationaux.

En effet, sait-on la force réelle de l'adversaire avec lequel on va se mesurer ? En 1870, qui donc, en France, pensait que l'Allemagne était si prodigieusement redoutable ? A Berlin ! à Berlin ! s'écriaient d'ignorants enthousiastes, d'héroïques soldats, dont les corps devaient joncher le sol français bien en deçà de leur frontière. L'Angleterre s'attendait-elle à rencontrer, chez les Boërs en nombre infime, une résistance si prolongée ? Combien s'imaginaient que le petit Japon terrasserait le colosse russe ?

Tous les peuples civilisés envoient cependant, aux grandes manœuvres de leurs rivaux, les meilleurs de leurs officiers, comme spectateurs attentifs et avertis. Mais, sans doute, on ne se montre réciproquement, de ses secrets militaires, que ce que l'on veut bien se montrer.

On publie, d'autre part, des chiffres précis sur le nombre de soldats, dans chaque pays, sur le pied de paix, sur le pied de guerre. Ces statistiques correspondront-elles exactement à la réalité, au jour du conflit ? N'y aura-t-il pas, dans un camp ou dans l'autre, plus d'invalides qu'on ne pensait ? La mobilisation sera-t-elle, ici ou là, aussi rapide, aussi régulière qu'on l'espère ? Aura-t-on, dans l'une et l'autre nation en lutte, autant que l'on comptait de vivres, de munitions, d'argent ? Si l'on en juge par la situation de la France, quand elle fut sur le point de se battre avec l'Angleterre, ou par celle de la Russie, au début des hostilités avec le Japon : on voit quelle sera la réponse. La force militaire des divers peuples n'est pas certainement celle qu'indiquent les statistiques, aussi précises qu'optimistes. C'est la seule certitude que l'on en ait en cette matière.

Mais pût-on se reposer sur elles, il ne serait légitime d'en tirer aucun pronostic sur l'issue d'un conflit armé. On ne saura jamais, en effet, avant expérience, les vraies qualités des troupes, le talent ou le génie des capitaines, l'énergie morale et patriotique des nations en conflit. Or, ce sont là des facteurs qui multiplient, qui décuplent la valeur du nombre S'ils sont réduits à zéro, qu'importe celui-ci ? Oh ! les chauvins des divers pays d'Europe éprouvent, les uns pour les autres, un grand mépris ! L'Allemand parle de la décadence de la France, et certains Français tablent, d'après Bilse et Harden, sur la corruption des vertus germaines. Mais, au jour des mêlées, cette confiance réciproque dans la faiblesse morale de l'adversaire, ne risque-t-elle pas d'être une cause d'infériorité et de défaite ?

La guerre a été déclarée cependant. Un des deux belligérants a envahi le territoire de l'autre. Connaît-il exactement, malgré les espions, malgré les traîtres, malgré les meilleures des cartes, la contrée qu'il va traverser ? Sait-il toutes les surprises cruelles qui lui sont réservées ? Des volcans ne s'ouvriront-ils pas sous ses pas ? Violant toutes les lois de la lutte courtoise, toutes les lois arrêtées par les congrès de La Haye, l'envahi ne se défendra-t-il pas en barbare, avec la plus extrême férocité ? Craindra-t-il l'opinion de l'Europe, quand il y va de son indépendance, de sa vie ? Et cette opinion même oserait-elle lui reprocher une noble, une patriotique, une héroïque sauvagerie ? Napoléon s'attendait-il, sur le sol de l'Espagne, à rencontrer, derrière chaque rocher, des ennemis impitoyables, décidés au meurtre, prêts à la mort ? Invincible, s'imaginait-il que ses soldats fondraient insensiblement sous le feu de mauvais fusils ? La grande armée était certaine qu'elle couvrirait la Russie de ses innombrables bataillons, et qu'on tenterait vainement de lui résister. Elle trouva devant elle l'incendie, la famine, la mort, et la neige du pays violé lui servit d'immense linceul.

Supposons cependant que les deux armées ennemies arrivent au jour d'une bataille décisive. Un Turenne croit être sûr de la victoire. Par ses manœuvres, il a acculé son adversaire, qui ne peut échapper à l'écrasement. Il a tout prévu, excepté qu'un boulet va le tuer, à la veille de l'engagement, et que ses troupes seront réduites à la retraite. Le meilleur général devine-t-il les intempéries qui changeront son succès en défaite ou en combat indécis ? A-t-il des moyens d'empêcher les rafales neigeuses d'Eylau ou l'orage terrible qui modère la victoire de Solférino ?

Souvent, au jour de la bataille, un événement imprévu vient changer la face des choses. Bonaparte, à Marengo, a éprouvé deux revers, et Mélas, son adversaire, expédie au gouvernement autrichien des bulletins de triomphe : mais Desaix accourt au bruit du canon, Desaix que personne n'attendait, et Marengo est, pour la France, un des noms les plus glorieux. Napoléon a détruit, semble-t-il, à Waterloo, la résistance de son adversaire ; le duc de Fer va céder le champ de bataille. Si Grouchy survient, Grouchy, sur qui compte l'empereur, c'est, pour Vellington, la complète déroute. Ce n'est pas Grouchy qui se montre, c'est Blucher, et Waterloo, c'est la chute définitive du plus redoutable des génies militaires.

Napoléon fut un rude homme de guerre. Tout le plan de ses campagnes était mûri, et il savait le modifier au besoin. Il avait son talent extraordinaire, le prestige de ses victoires, d'habiles lieutenants, l'intrépidité de ses soldats : il estimait pourtant que lorsqu'il mettait, de son côté, dans les engagements décisifs, soixante ou soixante-dix pour cent de chances, c'était autant que la prévoyance humaine pouvait en espérer. Ne reconnaissait-il pas ainsi combien le sort des combats est aléatoire ? Et son histoire, et celle de tous les peuples, dans tous les temps, prouve qu'il avait raison. Sans Clitus, Alexandre périssait dès le Granique.

Mais, actuellement, le résultat d'une campagne militaire serait plus incertain que jamais. On se demande qui saura la faire, qui saura mouvoir des armées innombrables, munies, pour tuer, d'engins extraordinairement puissants. Quel esprit sera assez vaste pour embrasser toute une suite d'opérations, pendant de longs mois, pour diriger l'évolution de tant de bataillons, sur d'immenses étendues ? Qui tirera le meilleur parti des chemins de fer, des téléphones, du télégraphe avec fil ou sans fil, des ballons dirigeables ? Qui fera parvenir, à jour fixe, à point nommé, à des millions d'hommes, les aliments et les munitions qui leur seront nécessaires ? Oui, dans toutes les écoles militaires, on enseigne, à des officiers, intelligents et consciencieux, le métier de la guerre, mais qui donc en créera, sans études, l'art nouveau, indispensable à des succès prompts et décisifs ?

Jean de Bloch croit que les luttes internationales se prolongeront indéfiniment, qu'elles verront surtout d'interminables sièges. Entre deux armées en présence s'étendra, dit-il, une zone d'un millier de mètres, si meurtrière qu'elle sera infranchissable pour l'une et l'autre. Les mouvements tournants seront impossibles : ils exigeraient une trop grande supériorité du nombre chez l'un des adversaires. Les attaques de front, qui assurent des avantages signalés, coûteraient trop de sacrifices à l'assaillant, pour être tentées. Les surprises se heurteront à des contre-surprises.

Mais il est une autre raison pour que les batailles soient encore moins souvent décisives que par le passé. Avec les dangers plus grands qu'elles offrent, avec la nécessité pour les combattants d'être sans cesse extrêmement attentifs à se garer, avec la poudre sans fumée qui produit un effroi mystérieux, envoie la mort on ne sait d'où, elles causent, en quelques heures, une dépense considérable, dans les deux camps, d'énergie nerveuse. Aussi le vainqueur ne se sent-il plus parfois la force de poursuivre le vaincu et de profiter de sa victoire. On l'a vu, après plusieurs engagements, au Transvaal.

Il est à présumer cependant que, plus la science militaire est avancée, plus elle exige d'intelligence, plus elle fournit d'instruments puissants : armées exercées et engins prodigieux, et plus un génie créateur saura remporter d'éclatants succès. Si, dans les camps opposés, il n'y a que des généraux instruits et vaillants, la guerre sera très longue, comme le suppose Jean de Bloch : mais un Napoléon découvrira, sans doute, le moyen de la terminer par quelque Austerlitz foudroyant. Les campagnes de ce capitaine ont été le plus souvent courtes, bien qu'avant lui, il y eût eu des luttes de sept ans. Mais, heureusement pour le monde, les Napoléons sont rares, et l'on ne peut savoir ni s'ils surgiront au moment opportun, ni dans quel camp ils surgiront. La guerre entre civilisés est donc actuellement le plus redoutable des inconnus. Elle fut toujours aléatoire, elle l'est bien davantage.

Accordons toutefois qu'elle se termine, pour une

nation, par une conquête. Le victorieux doit craindre l'intervention des puissances jusqu'alors neutres, soucieuses de maintenir l'équilibre européen, l'équilibre mondial. La Triple Alliance arrêta Louis XIV, maître de la Belgique. L'Europe se coalisa contre Napoléon, et finit par le terrasser.

Les vaincus ont souvent leur revanche. Les vainqueurs doivent redouter, en tout cas, qu'ils ne s'y préparent. Après avoir été fort, il faut l'être toujours. Le moindre relâchement peut être funeste à celui qui a compté, non sur son droit mais sur sa violence. La justice immanente a son heure. L'Italie, l'Allemagne, la Grèce, les colonies espagnoles se lassent d'être des proies, et se délivrent de leurs oppresseurs. Pour une Alsace-Lorraine, qui demeure entre les mains de ceux qui l'ont prise, combien de provinces échappent à ceux qui s'en sont emparés, au moment où ils croient les avoir payées avec beaucoup de sang !

Non, la guerre n'est pas seulement le moyen le plus barbare et le plus ruineux de terminer les litiges entre nations, elle est le plus aléatoire. Un accord à l'amiable, entre des peuples ayant des intérêts opposés, peut ne pas être définitif, mais il a chance de l'être, et, en tout cas, on y revient sans péril. Une guerre engendre, la plupart du temps, d'autres guerres. Elle en est une semence. L'invasion de 1814, celle de 1870 furent, contre la France, la revanche d'Iéna. Et lorsque les batailles ont, par hasard, rapporté quelque fruit au vainqueur, l'enjeu gagné n'est presque jamais définitivement acquis. On l'expose sans fin dans les hasards de nouveaux combats.

CHAPITRE V

La guerre est inique.

Il n'est certainement pas de moyen plus inique que la guerre de régler les litiges entre nations. C'est la loi du plus fort, celle des temps et des peuples barbares. Elle paraît si monstrueuse, dans le fond, aux civilisés, qu'ils ont eu soin de tempérer, en une certaine mesure, ce que son application stricte aurait de révoltant pour une conscience éclairée.

Si l'on admettait, en effet, que cette « ultime raison » est la seule raison, les États secondaires comme la Suisse, la Belgique, la Hollande, le Portugal, auraient bientôt cessé d'avoir une existence indépendante. Oh ! certainement, tel d'entre eux ne se laisserait pas soumettre sans résistance. Il l'a bien prouvé dans le passé. Aucun d'eux, même, ne se résignerait, sans lutte, à accepter le joug d'un maître étranger, si puissant que fût celui-ci, si douce que fût cette autorité imposée. Mais, enfin, que feraient les cinq ou six millions d'habitants du plus peuplé d'entre ces pays contre les soixante millions d'Allemands ou les cent vingt millions de Russes, surtout si ces nations puissantes s'entendaient entre elles au lieu de se jalouser ? Les petits peuples, sur qui les autres unis se jetteraient, opposeraient à l'invasion de leurs patries, deux cent, quatre cent mille héros.

qui finiraient probablement par succomber, devant des forces ennemies, sans cesse accrues, sans cesse renouvelées. Ils se trouveraient, tôt ou tard, épuisés de sang et d'or. Leur soumission serait évidemment une œuvre toujours à recommencer, et elle n'offrirait réellement aucun profit à leurs vainqueurs : mais enfin, en apparence, on l'aurait obtenue.

Aussi, les nations dites de premier ordre sont-elles convenues de neutraliser les pays trop faibles pour se défendre seuls d'eux-mêmes, et elles ont juré d'en respecter l'autonomie.

A la vérité, on ne sait ce que vaut au juste cet engagement, et les États secondaires se tiennent très sagement sur leurs gardes. Ils songent vaillamment à s'opposer à une violation possible de leurs territoires. Toutefois, ils sont surtout protégés, non par la sainteté du serment, mais par la rivalité des grandes puissances. Leur maintien est une des garanties de l'équilibre européen. Aussi est-il permis de se demander si l'indépendance de ces petits États, et leur bonheur en même temps, ne sont pas plus assurés que celui des grandes patries : j'entends des patries étendues. On se prend à envier l'absence d'ambition à peu près obligée de ces neutres. On se prend ?... Non, tout le monde Il est des Français, il est des Allemands, et non des plus obscurs, qui disent dédaigneusement : « Nous ne voulons pas que notre pays devienne une vaste Belgique, une vaste Suisse ». Est-ce parce que la Suisse et la Belgique sont moins généralement aimées, moins estimées ? Est-ce parce que la pensée y est moins haute et moins rayonnante, par exemple, qu'en Russie, État de tout premier ordre ? Nullement. Mais il paraît qu'il est beaucoup plus glorieux de triompher par la violence que par la raison.

Oui, les pays redoutables mettent leur orgueil à imposer leur suprématie par les armes. Ce sont eux qui continuent à considérer la guerre comme l'arbitre du droit. Il semble cependant qu'ils aient, en ce point, encore les idées du Moyen Age.

Dans les siècles barbares, en effet, deux seigneurs en litige n'en appelaient pas à un tribunal. Ils s'en remettaient du soin de régler leur différend, soit à un duel, soit à un combat, où chacun paraissait avec ses vassaux. Les femmes et les enfants eux-mêmes, lorsqu'ils étaient ou se croyaient victimes d'une injustice, choisissaient des champions pour soutenir leurs causes, au lieu de s'adresser à des juges. On pensait alors que Dieu accorderait la victoire à qui la méritait.

Les plus enragés des Européens belliqueux n'oseraient pas aujourd'hui approuver ces seigneurs, qui portaient leur droit à la pointe de leurs lances ou de leurs épées. Ils diraient, comme les plus pacifistes des hommes : « Ces preux étaient chevaleresques, mais bien déraisonnables ! Que de progrès nous avons accomplis depuis ! » Ils condamneraient aussi, et plus énergiquement encore, ceux qui, actuellement, voudraient vider leurs querelles privées, comme le faisaient ces seigneurs. Ils soutiendraient qu'on ne se rend pas justice soi-même, qu'on ne saurait être juge dans sa propre cause et exécuteur des sentences qu'on a prononcées contre sa partie.

Cette façon violente de revendiquer son droit, on ne l'admet même plus contre des voleurs ou des assassins. Sans doute, quand on est assailli par un malfaiteur, on se protège contre lui comme l'on peut. Le Code de tous les civilisés reconnaît le droit de légitime défense. Toutefois, dans un cas pareil, on passerait en jugement. On ne serait acquitté que si, réellement, on avait tué sur le point d'être tué, ou, tout au moins, se supposant, avec quelque apparence, près de l'être. Lorsqu'un voleur même cherche à s'introduire dans une propriété, le maître du lieu n'a pas, légalement, le droit de l'abattre : il doit le remettre à la justice. En fait, on condamnera rarement le meurtrier d'un larron, mais nul ne déclarera qu'il a agi suivant les règles de la plus scrupuleuse conscience.

Pourtant, ce droit sommaire de soutenir son intérêt par les armes, on ne le reconnaît pas pour les particuliers, on le proclame pour les États. N'est-ce pas d'une absurde inconséquence ?

On objectera cependant que, de nos jours, on a encore recours au combat singulier. Oui, sans doute, pour une question d'honneur ou de point d'honneur, non pour une affaire d'intérêt. Qu'au fond, bien souvent, les duellistes se battent pour le bénéfice qu'ils espèrent en tirer, en réclame ou en argent — avantage de réclame, c'est presque toujours avantage d'argent — nous n'y contredirons pas. Cependant, on dissimule les cupidités ou les rivalités qui engendrent les duels. On les pare faussement du grand nom d'honneur. C'est une hypocrisie qui prouve l'absurdité et l'iniquité reconnues des combats singuliers, pour régler certains litiges privés. D'ailleurs, on y échange presque toujours des balles sans résultats, ou l'un des adversaires en est quitte pour une égratignure. Si, exceptionnellement, il y a mort d'homme, la justice intervient. Le vainqueur ainsi que les témoins des deux antagonistes ont, au moins, les ennuis d'une comparution en cour d'assises. Le jury absout le meurtrier et ses complices ? Il peut être assez sage pour les condamner. Enfin, certains pays ont des lois sévères contre le duel, et les autres le tolèrent sans le reconnaître : ils l'ignorent.

Il semble donc bien établi que la morale actuelle réprouve absolument le principe de se faire justice soi-même. Y aurait-il une morale différente pour les États et pour les particuliers ? La conscience privée serait-elle plus élevée que la conscience publique ? L'une seule appartiendrait-elle à notre temps, épurée par les siècles ; l'autre, encore fort arriérée, au Moyen Age ? Peut-on se résigner à cette opposition, dans un pays civilisé, entre ce que chacun trouve sage pour lui-même et ce qu'il estime raisonnable pour la collectivité dont il est membre ? Est-ce parce que le règlement des litiges internationaux se fait avec des armes perfectionnées, extrêmement meurtrières, qu'il est rendu juste, bien qu'inique en principe ? Si l'on tue pour s'emparer d'une bourse, avec un mauvais poignard, parce qu'on manque de pain, en courant des dangers mortels, on a contre soi, non seulement la loi impitoyable, mais toutes les consciences civilisées, même les plus indulgentes. Si l'on tue dans une seule bataille cent mille ennemis, sans y être poussé par l'extrême nécessité de vivre, la conscience nationale déclarera qu'on a agi en héros. Explique qui pourra cette contradiction ; mais, aux yeux éclairés, le meurtre, pour son avantage particulier, le meurtre, pour l'avantage de l'État, sont iniques. La guerre ne doit pas plus régler les litiges entre nations que les combats singuliers ne doivent terminer les conflits d'intérêts entre citoyens d'un même pays. Il faut que le droit interne et le droit externe s'accordent, au lieu de s'opposer.

Quand on croyait que la lutte à mains armées était le jugement de Dieu, on pouvait y avoir recours : mais, aujourd'hui, on sait bien que, d'ordinaire, la victoire est du côté des plus gros bataillons, non du côté du droit. Elle n'est pas toujours juste ; elle est rarement juste, bien qu'un philosophe moderne ait prétendu le contraire. Oh ! sans doute, et on l'a soutenu ici même, selon le mot de Renan, la raison finit toujours par avoir raison, et un peuple opprimé se libère, tôt ou tard, d'un vainqueur tyrannique. Mais, jusqu'au triomphe de l'équité, que de souffrances pour lui ! Les nations ne peuvent pas considérer si, dans la suite des temps, la meilleure d'entre elles l'emportera dans les conflits armés, elles doivent se demander uniquement si, dans telle guerre qu'elles engagent, le succès sera sûrement pour celle qui le mérite, par l'excellence de sa cause. Elles se répondront certainement que non. La plus forte, non la plus noble, aura le dessus. Il importe peu ici que Leipzig, Waterloo ou Sedan vengent Iéna.

On objectera que la vaillance des troupes compense parfois l'infériorité du nombre. L'héroïsme peut amener le triomphe de l'équité. Il peut amener ce triomphe ; il ne l'amène pas toujours. Avec le caractère savant de la guerre moderne, avec les effroyables dépenses qu'elle entraîne, il devient de plus en plus improbable que les pays les plus peuplés et les plus riches soient battus par ceux qui ont beaucoup moins d'hommes et d'or.

Mais, fût-il prouvé que l'héroïsme patriotique engendre toujours le succès, il ne s'ensuivrait pas que la victoire est juste. Le courage est une qualité très précieuse ; elle n'est pas la seule qui ait une haute valeur. Une nation peut être brave, mais perfide, cruelle, d'esprit paresseux, d'intelligence médiocre, sauf pour les batailles, incapable de produire de grandes choses, mauvaise conductrice pour l'humanité dans la voie du progrès, de la moralité, du bonheur. Les soldats d'Attila et de Timour-Lenk avaient une extraordinaire vaillance : méritaient-ils l'empire du monde ? Les chevaliers sans peur ne sont pas nécessairement sans reproche. L'industrie de la guerre, souvent destructive des autres, est la plus inféconde, et c'est parfois l'unique des peuples conquérants.

De prétendus savants ont vainement voulu appliquer à l'homme une loi que Darwin avait découverte pour l'animal : celle de la sélection naturelle. « Dans les contrées sauvages, disent-ils, les bêtes se « livrent d'incessants combats que la nature semble « leur avoir imposés pour les conduire à ses fins. Ce « sont les plus redoutables qui triomphent, survi- « vent, perpétuent leurs races, qui, sans elles, s'étio- « leraient. Elles leur transmettent leur vigueur.

« Chez l'homme, la guerre a la même fonction. Elle « fait disparaître les peuples faibles pour le plus « grand profit de l'humanité,

« — Erreur, répondrons-nous, une nation victo- « rieuse n'anéantit jamais la nation vaincue, ne « l'empêche pas de procréer. Elle la soumet tout au « plus. Il n'y a pas réellement sélection. D'ailleurs, « ce qui fait réellement la force de l'homme, ce ne « sont pas ses muscles, c'est son intelligence. Le « plus chétif des nains, avec un fusil moderne, « abattrait le plus formidable des Hercules avec sa « massue. Et les inventeurs des armes perfectionnées « ne sont pas habituellement des Hercules. La vic- « toire ne choisit donc pas nécessairement les plus « forts, les plus indispensables à l'avenir de l'espèce. « Ce qui est vrai peut-être des animaux, dont les « facultés sont uniquement physiques, est faux de « l'homme dont les facultés les plus précieuses sont « intellectuelles et morales. Et nous venons de voir « que les pays belliqueux n'étaient pas d'ordinaire « les mieux doués au point de vue du cœur et de « l'esprit. »

Non l'héroïsme dans les batailles n'y donne pas sûrement le succès, et il est des qualités plus utiles, sinon plus rares et plus brillantes, que l'héroïsme belliqueux. La victoire n'est pas toujours juste ; elle est rarement juste. Les faits le démontrent. La Pologne et le Danemark avaient autant de courage que leurs adversaires, et le droit était pour eux : celui-ci fut vaincu, celle-là, dépecée.

Si, d'ailleurs, les nations qui ont recours aux armes étaient si convaincues d'avoir raison, au lieu de se faire juges dans leur propre cause, elles n'hésiteraient pas à livrer l'examen de leurs litiges à des arbitres désintéressés.

On pourrait ici passer en revue les résultats de toutes les grandes luttes européennes, et on se rendrait compte qu'ils ont été presque toujours contraires à l'équité. Les guerres de l'Empire valurent à la France des provinces qui ne lui appartenaient pas, auxquelles elle n'avait aucun droit. La revanche de l'Europe coalisée prit à la France des territoires que celle-ci pouvait revendiquer et dont les habitants voulaient être siens. La preuve en est qu'ils lui furent restitués plus tard.

Oui, à quelque point de vue qu'on se place, une nation qui recourt à la guerre ne fait pas appel au jugement de Dieu, à celui de la justice suprême et immanente, elle emploie le moyen le plus inique de régler ses litiges avec le peuple ou les peuples qu'elle combat.

CHAPITRE VI

La guerre finie, les conséquences économiques, intellectuelles, morales, en sont déplorables.

La guerre est terminée : cruelle, coûteuse, inique, elle a peut-être des conséquences heureuses. Examinons-les :

Au point de vue économique, la nation vaincue a des ruines à réparer. Il y a des routes, des chemins de fer, des ponts, des canaux, des travaux d'art de toutes sortes qui exigeront, pour être remis en état, d'innombrables journées d'ouvriers, des sommes considérables. Il y a des villes bombardées qu'il faudra rebâtir. Il y a des industries mortes ou en léthargie profonde qu'il s'agit de ranimer. Le commerce s'est ralenti : c'est une nouvelle impulsion à lui donner.

On pourrait conclure que la vie de cette nation sera rendue plus intense qu'avant la guerre. Il est de fait qu'après la lutte franco-allemande, les ouvriers, en France, ont ignoré le chômage. Mais cette activité anormale n'a-t-elle pas été suivie d'une dépression ? D'ailleurs, il est certain que si le pays dont nous parlons n'avait pas eu des ressources extraordinaires, il n'aurait pu refaire ce que la guerre avait détruit. Cet argent qu'il a employé à réparer les maux de la guerre, ce n'est pas, évidemment, la guerre qui le lui avait valu. Au contraire. Il avait, pour la lutte, dépensé des milliards et payé encore à son vainqueur l'énorme indemnité de cinq milliards. Si donc il ne s'était pas ainsi appauvri, il eût eu bien plus d'argent, non pour refaire d'utiles travaux anciens, mais pour produire de nouveaux. Il ressort incontestablement qu'au point de vue économique, la guerre a des conséquences déplorables pour le vaincu.

Mais, en a-t-elle d'heureuses pour le vainqueur ? Il est certain qu'elles sont, pour celui-ci, beaucoup moins fâcheuses, si, surtout, son territoire n'a pas été envahi, ne lui a pas servi de champs de victoires, si, enfin, il s'est fait payer une indemnité de guerre. Quand il a triomphé sur son propre sol, il a, lui aussi, des ruines à réparer. Mais, dans tous les cas, la vie agricole, industrielle, commerciale, a été, chez lui comme chez le vaincu, sûrement bien diminuée. Il lui faudra plusieurs années pour la ramener à ce qu'elle était avant la lutte. Il sera obligé, d'autre part, d'augmenter ses dépenses militaires, pour conserver l'avantage de ses victoires. Son budget s'en trouvera fort accru, et de plus lourds impôts écraseront ses habitants. On l'a vu pour l'Allemagne, après 1871.

Vainqueurs et vaincus, pendant qu'ils s'entr'égorgeaient, ont laissé des rivaux industriels ou commerciaux leur prendre certaines places dans le marché du monde. La Belgique, par exemple, s'est enrichie avec une partie de la clientèle française, pendant la guerre franco-allemande. Or, les débouchés perdus se reconquièrent difficilement.

Si nous ajoutons à ces pertes, celle du capital humain, si nous considérons que plus d'un million d'hommes peut-être, jeunes, forts, en pleine activité de corps et d'esprit, ont été laissés sur les champs de bataille, on évaluera combien coûte une guerre, longtemps même après que ses fureurs se sont éteintes. Il faut de nombreuses années pour en réparer les ruines matérielles, davantage pour la reconstitution du capital humain qu'elle a anéanti. A la place des soldats valides, fauchés par la mitraille, vainqueurs et vaincus sont obligés d'assurer, par des pensions, la vie de blessés, d'infirmes, inutiles, coûteux à la société.

Au point de vue intellectuel, la guerre n'a pas des conséquences moins déplorables. Les écoles ont été, chez les nations en conflit, souvent fermées. Il s'agit de reprendre des études négligées. Est-ce facile ? Il y a des maîtres nouveaux à former, des locaux à reconstruire, des laboratoires à recréer. Et l'argent manque pour tous ces objets. Le peu d'or dont on dispose a tant d'autres destinations. Avant de songer aux besoins de l'esprit, ne doit-on pas satisfaire aux nécessités matérielles ? Vivons d'abord, nous philosopherons après. On sait que toute la culture romaine périt sous l'avalanche barbare.

Chez les victorieux, c'est surtout l'âme de l'enseignement : le goût du travail intellectuel qu'il s'agit de ranimer. Ce sont des esprits en jachère, où bien des mauvaises herbes ont poussé, qu'on doit fertiliser. Et la pensée, chez les vainqueurs comme chez les vaincus, n'est point tournée vers les spéculations noblement désintéressées : on s'y préoccupe plus de découvrir des engins meurtriers que des inventions fécondes.

Un grand philosophe, un sociologue original et profond y seront considérés comme des rêveurs utopistes. Montluc se scandalisait de voir, à Bordeaux, des jeunes gens étudier le droit, tandis qu'avec moins de travail, ils seraient arrivés à donner, en maîtres, d'utiles coups de hallebarde. Napoléon croyait flétrir les esprits libres de son règne en les appelant idéologues. Est-il, dans l'histoire de France, beaucoup d'époques dont la pauvreté littéraire soit plus grande que celle du premier Empire ? On y comptait bien un Chateaubriand, une Staël ; mais ils vivaient dans la retraite ou dans l'exil : la pensée française la plus haute était hors de France. Il suffisait, dans les lycées du temps, qu'on apprît à régler ses études au son du tambour, en attendant d'y régler son pas dans les campagnes guerrières, à adorer le despote glorieux ; il suffisait qu'on y apprît l'amour des batailles, la haine de l'étranger, l'orgueil de la violence triomphante.

Sans doute, quelquefois, une période belliqueuse a été aussi une période d'éclat artistique. Le siècle de Louis XIV eut son apogée, lorsque la France dominait l'Europe par ses armes : mais les écrivains, les peintres, les sculpteurs qui, à ce moment, s'illustrèrent, étaient nés, pour la plupart, entre 1620 et 1640, c'est-à-dire avant les plus brillantes victoires françaises. D'ailleurs, La Fontaine, Molière, Bossuet, Lebrun, Lesueur n'étaient pas des guerriers. Ils vivaient dans la paix, si les troupes de leur nation étaient aux frontières. Enfin, il est, pour certains peuples, des époques d'effacement militaire, qui ont été celles de leurs succès artistiques. Gœthe et Schiller, comme Dante, Le Tasse ou Pétrarque, qui représentèrent le plus hautement la pensée de leurs patries respectives, ont vécu à des heures où celles-ci, dans les combats, étaient loin d'être glorieuses. Il peut donc y avoir coïncidence, pour une nation, entre les succès de ses armes et son rayonnement spirituel : il n'y a pas entre ceux-là et celui-ci relation de cause à effet. Une foule d'influences, dans un pays, favorisent ou contrarient l'éclat des lettres et des arts. Ce n'est pas le lieu de les exposer. Tout ce qu'on peut dire ici, c'est que les guerres prolongées et sanglantes, victorieuses ou non, comme toutes les grandes révolutions, heureuses ou malheureuses, comme tous les événements considérables, surtout imprévus, sont propres à surexciter les imaginations, à enflammer les passions. L'imagination, la passion sont créatrices d'art. Le génie de Dante fut fait avec les larmes de Florence. « Pendant les guerres de l'Empire, écrivait Musset, tandis que les maris et les frères étaient en Allemagne, les mères inquiètes avaient mis au monde une génération ardente, pâle, nerveuse. » Ce fut celle des romantiques. Mais ce serait payer bien cher la gloire artistique d'un pays que de l'acheter de tant de deuils. D'ailleurs, Austerlitz, Iéna, comme Leipzig et Waterloo, donnent l'essor aux beaux poèmes. Car, et il faut bien le remarquer, les défaites ont, sur l'imagination et le sentiment, autant d'action que les victoires, et elles servent plus encore de thèmes à des œuvres artistiques. Les poètes allemands de 1813 avaient connu l'abaissement de leur patrie. Waterloo a inspiré quelques-uns de leurs vers les plus admirables à Delavigne et à Victor Hugo.

Une dernière observation, l'art romantique, celui « de cette génération ardente, pâle, nerveuse » est-il bien équilibré, et n'en peut-on rêver un autre, aussi émouvant et plus sain, fruit d'une race élevée dans l'amour du travail, du progrès, du droit, de l'humanité ?

Quant aux découvertes scientifiques, toute l'histoire est là pour prouver que la paix leur est plus favorable que la guerre. Ni Newton, ni Berthelot, ni Pasteur n'ont vécu sous des gouvernements glorieux au point de vue militaire, et si Aristote a précédé, instruit, préparé le conquérant Alexandre, celui-ci n'a point, en conquérant le monde, fait naître un second Aristote.

Napoléon, en fermant son empire aux marchandises anglaises, a pu favoriser quelques inventions industrielles, mais combien d'autres n'en a-t-il pas entravées ?

La logique, au demeurant, dit que la paix est propice aux travaux de cabinet, à ceux de l'artiste ou du savant, et la paix véritable, non celle qui est troublée par des craintes ou des désirs de revanche. Les guerres ont donc surtout de fâcheuses conséquences intellectuelles. C'est dans la tranquillité laborieuse qu'a dû se réfugier le peu de la civilisation romaine qui échappa aux destructions barbares. Les fleurs de l'esprit ne poussent pas sous le cheval d'Attila.

A l'heure actuelle, où toutes les pensées s'échangent et s'appuient au-dessus des frontières, où les idées artistiques de tous les pays se coalisent, où les savants les plus éloignés les uns des autres sont en rapport étroit et se servent mutuellement, où tous, de concert, édifient le monument de la science, une guerre entre peuples éclairés, guerre fratricide, nuirait considérablement aux progrès généraux de l'humanité, y nuirait bien plus qu'à toute autre époque antérieure. Quand certaines catégories de travailleurs sont en grève, non seulement ils ne produisent plus, mais ils empêchent d'autres travailleurs de produire. Si la guerre obligeait à l'inaction les ouvriers de la pensée, en France, en Allemagne, en Angleterre, ceux des autres pays seraient entravés dans leurs nobles occupations. Toute l'universelle mutualité des intellectuels en souffrirait, pendant que, sur les champs de bataille, des poètes comme Kœrner, des peintres comme Regnault, des esprits d'élite, des savants tomberaient avant d'avoir achevé leur œuvre.

Les conséquences morales des guerres sont, chez le vaincu, le plus souvent, la honte, le découragement, la haine, la perfidie, la bassesse. Les nations que l'on réduit en esclavage risquent d'acquérir des sentiments d'esclaves. Ne sont-elles pas conduites aussi à la paresse ? « Les pays, a dit Montesquieu, ne « sont pas cultivés en raison de leur fécondité mais « de leur liberté. » Ces peuples, courbés sous la loi du plus fort, ne seront-ils pas poussés à se contenter de vivre bestialement ? Ne s'enfonceront-ils pas dans une grossière sensualité, s'ils n'ont pas l'espoir du relèvement ? Ah ! s'ils conservent encore quelque illusion de revanche, la défaite grandira peut-être en eux la conscience nationale. C'est dans l'abaissement d'Iéna que l'Allemagne a conçu l'idée de son unité. C'est sous le joug de l'étranger qu'elle a senti naître l'amour de son indépendance. Mais, remarquons-le, elle avait subi l'invasion. La Prusse, en 1806, avait déclaré la guerre sans doute et formé la quatrième coalition contre la France. C'est que Napoléon voulait la dépouiller du Hanovre. Malgré les apparences, cette campagne était défensive. Ce sont seulement des défaites, en de telles circonstances, qui, au lieu d'engendrer le découragement, enfantent parfois l'espoir du succès et l'énergie. Après Poitiers, les Arabes renoncèrent à la conquête du monde, et après 1815, après 1870, la France douta longtemps d'elle-même. Quant aux victoires, elles rendent, d'ordinaire, orgueilleux, arrogants, méprisants. Celles de l'Empire créèrent le chauvin ridicule et naï. Les conquêtes allument les cupidités. Plus Napoléon avait étendu les limites de ses États, plus il était dévoré d'ambition. Rome songea à fermer le temple de Janus, quand elle eut soumis le monde alors connu, quand elle en eut courbé et qu'elle put en pressurer tous les peuples. Victorieux, on croit d'ailleurs l'être toujours. On se relâche. On perd les qualités qui avaient valu le succès, et l'on arrive, sans s'en douter, à la défaite. Les Romains, vainqueurs de l'Univers, en prirent tous les vices. Ils se vautrèrent dans les plaisirs matériels, que leurs richesses, fruits du vol, leur procuraient si aisément, et ils s'offrirent, faciles proies, aux Barbares envahisseurs

Evidemment, aujourd'hui, où les guerres coûtent tant, comme on l'a montré, et où, même heureuses, elles rapportent si peu, comme on l'a dit déjà et comme on l'exposera plus amplement dans la suite, elles sont peut-être moins corruptrices des mœurs, chez le victorieux. Considérons toutefois que les soldats et les officiers, habitués aux licences des campagnes militaires, sont souvent libertins, la paix conclue. La débauche et l'orgie ne s'allient que trop au goût du sang.

La guerre n'a pas achevé son œuvre de mort, lorsqu'elle est terminée. Longtemps après elle continue à ruiner, à affaiblir la pensée, à corrompre le cœur des nations qui ont eu la folie de s'y livrer.

CHAPITRE VII

La guerre n'a-t-elle pas des résultats avantageux ?

Certains concèdent que la guerre est sanglante, qu'elle est ruineuse, à la rigueur même qu'elle est souvent inique : mais ils ne reconnaissent pas que ses conséquences soient fâcheuses, surtout au point de vue moral. Bien au contraire. Elle fait des victimes, prétendent-ils, mais elle retrempe les races qui s'y livrent. Elle tue, mais elle donne, à ceux qui l'ont affrontée et qu'elle a épargnés, une plus forte vie. Sans elle, l'humanité s'enliserait dans la boue ; elle périrait de mollesse et de dégoût. La guerre est une saignée, qui rend la santé au corps social.

En premier lieu, c'est elle qui apprend à l'homme à se passer de repos, de nourriture même. Elle enseigne à marcher gaîment, à braver les intempéries, le soleil, la pluie, la neige, à défier le sort en riant. Les vieux soldats sont des mâles, et ils engendrent une postérité virile. Ceux qu'une longue paix a efféminés gémissent pour un pli de rose dans leur lit, et leurs descendants n'ont qu'un semblant d'existence lâche, faible et triste.

La guerre seule développe cette qualité morale si noble, si utile dans toutes les conditions sociales, si nécessaire au bonheur : le courage.

La guerre, c'est l'école de la discipline, de la solidarité, du dévouement. En face de l'ennemi, on sent bien qu'il faut obéir au chef qui a la responsabilité du salut commun. On est convaincu que chacun doit être à tous, et que tous doivent être à chacun, si l'on veut éviter la perte générale.

Que de beaux traits d'héroïsme et de dévouement, dans les annales des batailles ! Que de d'Assas qui meurent pour sauver leurs compagnons d'armes !

Supprimez la guerre, et vous ne verrez plus ces exemples d'humanité supérieure. Qui donc transmettra, avec le sang, à ses héritiers, la tendance à en offrir de nouveaux ?

.....La guerre, en effet, dévoile des héros. Mais en est-il beaucoup ? Les d'Assas sont l'infime exception. Dans toutes les circonstances extraordinaires, les grandes âmes peuvent se faire jour. C'est, évidemment, quand l'humanité se trouve dans la nécessité urgente de traiter un grand problème social, que se révèlent les génies capables de le résoudre. C'est aussi, dans les batailles, quand la mort est sans cesse imminente, que peuvent mieux se montrer ceux qui la défient. C'est quand elle frappe à tout instant que les êtres généreux, désireux de lui arracher des proies, témoignent, pour leurs semblables, de leur grand amour. Dans ces heures de péril extrême, les âmes sont exaltées ; tous leurs traits apparaissent plus accentués, dans une pleine lumière. Oui, mais les traits hideux de l'humanité y sont aussi plus accusés et mieux éclairés. La guerre est une grande épreuve; elle n'engendre pas, dans les belligérants, les vertus qui n'y sont pas ; elle les fait connaître ; elle leur permet de s'affirmer ; tout au plus les développe-t-elle chez ceux qui les ont. Mais, de même, elle montre les mauvais instincts, et leur laisse libre cours. La guerre, ce sont les plus belles âmes sous les yeux de tous, en un grand théâtre. La guerre, c'est la bête féroce lâchée.

On compte les d'Assas. On les cite. On les célèbre dans les histoires ; on veut qu'ils demeurent éternellement dans le souvenir. On a raison. Il faut conserver les héroïsmes comme exemples, créateurs d'héroïsmes. Il faut que l'humanité garde ces brillants portraits d'elle-même, et paye en immortalité ceux qui sont morts pour l'honneur de l'humanité. Elle n'aura jamais trop de ces membres qui, de quelque façon que ce soit, prouvent sa grandeur.

Que les vaillants altruistes, qui se sont montrés tels dans les batailles, vivent dans les mémoires, mais qu'on ne se serve pas d'eux pour étayer la guerre elle-même. Celle-ci, pour la multitude des combattants médiocres, c'est l'épouvante à peine dissimulée par l'amour-propre ; c'est, on l'a exposé déjà, la liberté du vol, du viol, de l'incendie, du meurtre. C'est, pour la plupart, l'égoïsme le plus odieux. C'est l'ancêtre des cavernes, contenu par la société pacifique, contenu par les lois, qui peut obéir à tous ses instincts primitifs, à tous ses instincts mauvais, et qui les développe en les satisfaisant. Oui, nous, pacifistes, convenons que la guerre a ses héros et les grandit, mais ils sont rares. Aux de Moltke de convenir aussi que la guerre a ses fauves très nombreux et qu'elle accroît leur férocité.

Les quelques qualités d'ailleurs qu'elle exige et qu'elle entretient pourraient être développées dans la vie civile la plus pacifique. Il y a des sociétés de gymnastique, de marche, de course, qui apprendront à supporter la fatigue. Et si, par hasard, les gouvernements des divers pays voyaient que celles-ci périclitent et meurent — ce qui, pour l'heure, n'est pas — n'auraient-ils pas la faculté, dans l'intérêt général, d'obliger leurs nationaux à en faire partie ? Bien entendu, cette obligation prendrait les formes légales des divers États. Tous les sports, actuellement, sont pratiqués, et de plus en plus : n'enseignent-ils pas l'adresse et l'endurance ?

La discipline ne règne-t-elle pas à l'école, à l'atelier ? La discipline de la guerre, toute passive le plus souvent, est-elle la plus noble, la plus féconde ? Les hommes qui se réunissent en sociétés libres, ne s'en imposent-ils pas une plus méritoire ?

Et qui, d'ailleurs, pour l'instant, parle de supprimer le service militaire en temps de paix ? N'a-t-il pas les heureux effets physiques de la guerre ? Si, plus tard même, on arrive à se passer des armées permanentes — ce qui est très souhaitable — ne conservera-t-on pas au moins les milices, soumises, comme en Suisse, à des périodes d'exercices ?

Donc, la race ne dégénérera pas fatalement, au point de vue physique, parce que la guerre sera abolie.

Est-ce le sentiment de la solidarité qui, dans la paix continue, sera en danger de périr ? Mais, dans la paix, ne sentons-nous pas les liens qui nous unissent à nos concitoyens, à nos compatriotes, à l'humanité tout entière ? Pour un cœur généreux, n'est-il pas mille occasions de nourrir ce sentiment ? Et les sociétés mutuelles, qui augmentent sans cesse en nombre, ne suffiraient-elles pas déjà à le développer en nous ?

Le courage ? Il serait plutôt souhaitable qu'on eût, dans l'existence la plus commune, moins fréquemment à en montrer. Il en faut en tous les instants pour affronter les risques professionnels. Ce n'est pas sans courage que le couvreur montera sur les toits et que le mineur bravera le grisou. Le savant, dans son laboratoire, est souvent en danger de mort, et le médecin peut être saisi par la contagion qu'il combat. Le courage est indispensable contre le préjugé ou l'opinion publique, lorsque celle-ci est dans l'erreur. Sans cette vertu, dans la vie civile, point de sincérité dans les relations, point de sécurité dans la foi jurée, point de fidélité dans les convictions. Le vaillant seul affirme son sentiment sans crainte de déplaire, à l'énergie de ne promettre que ce qu'il veut accomplir, d'accomplir ce qu'il a promis. Seul encore, il sait souffrir, et l'existence est faite de souffrances ; seul, il sait s'imposer les efforts hygiéniques qui préviennent la maladie, accepter le régime sévère qui amène la guérison. Seul, il voit sans pâlir le terme obligatoire : la tombe. Seul, il n'endure pas mille fois la mort, par l'appréhension, avant de la subir. (1)

L'existence la plus ordinaire exige du courage, et suffit, si l'on vit comme l'on doit, à développer cette vertu. Il arrive, au contraire, que la guerre détruit parfois les énergies civiles. Tel soldat, la paix faite, n'a plus la force de travailler, ne sait plus s'imposer son devoir, craint d'exprimer son opinion, est lâche devant la souffrance, et tremble même devant la mort. Il n'est brave que dans l'ivresse du combat.

Le dévouement, dans la moins belliqueuse des existences, peut être de tous les instants. Ne considérons pas ici le sacrifice de l'enfant aux parents, des parents à l'enfant, du frère au frère, de l'ami à l'ami, de ce sacrifice obscur qui consiste en l'abandon de ses intérêts au bonheur d'un être chéri, ou même au profit d'une collectivité ; n'envisageons que l'immolation du bien le plus précieux : la vie pour le salut d'autrui. Ce dévouement, aussi grand que celui du patriote combattant, le plus héroïque, peut s'y comparer. Les exemples en sont nombreux ; combien d'intrépides se jettent dans les eaux ou dans les flammes, pour leur arracher des victimes ? Combien, à la tête d'un cheval emballé, devant une voiture, devant un train en marche, pour sauver des inconnus, leurs frères toutefois en humanité ? Il y aura toujours à accomplir des actes pareils, et il se

---

(1) Il y a de belles pages de M. Jaurès dans son discours à la jeunesse (Albi 1903) qui développent éloquemment ce que nous venons de dire.

trouvera toujours, jusqu'à la fin de l'humanité et pour son honneur, de nobles cœurs pour saisir ces occasions de se dévouer. La faculté de se sacrifier à autrui ne risque donc pas de périr, faute d'emploi, par la suppression de la guerre, et l'homme ne sera pas ainsi dépouillé d'une de ses plus admirables prérogatives, d'une de celles où s'affirme le mieux sa dignité supérieure entre tous les êtres.

Le sentiment de la discipline, de la solidarité, le courage, l'estime de l'existence utile mais le mépris de la mort, le dévouement vivront, si la guerre expire.

Il est heureux qu'il en soit ainsi, sans quoi on les verrait sur le point de disparaître. Les luttes internationales, en Europe, se font de plus en plus rares. La majeure partie des soldats, dans tous les pays civilisés, ne se sont pas battus. Eussent-ils tous paru devant l'ennemi, ils ne forment qu'une faible partie de leurs nations respectives. Si la guerre seule entretenait la vaillance et l'esprit de sacrifice, ces vertus seraient donc mortes ou mourantes. Les Suisses, depuis bien longtemps, n'ont pas livré de bataille, les prétendra-t-on moins virils, moins courageux que les peuples les plus belliqueux ? Lorsque ces paisibles montagnards vainquirent l'Autriche, lorsqu'ils réduisirent Charles le Téméraire à la fuite, avaient-ils appris l'héroïsme dans la pratique habituelle de la guerre ? Tout homme est un lutteur, a dit Gœthe. On n'a qu'à vivre selon les lois du devoir, et l'on développera en soi les plus solides des qualités, fruits exclusifs des combats, selon de Moltke. La différence entre ces vertus acquises dans les campagnes militaires et ces vertus, nourries dans la paix, c'est que, dans un cas, on les achète en tuant, et dans l'autre, en créant pour ses semblables, dans la mesure de ses moyens, au poste même le plus obscur de la société, de la vie et du bonheur.

Mais les critiques de de Moltke contre la paix

amollissante, ont pris tout récemment de nouvelles formes.

La guerre n'est pas nécessaire, dit-on, pour entretenir les mâles vertus. Il suffit de la trêve armée actuelle. Elle est une lutte dissimulée, et c'est ainsi que les peuples civilisés ne perdent pas leurs énergies. Se préparer à la guerre, c'est la faire, et c'est en recueillir les fruits. Si, demain, toutes les nations européennes étaient certaines de jouir d'une paix éternelle, discipline, solidarité, vaillance, dévouement sombreraient chez elles. L'argument est subtil : il ne soutient pas l'examen. Sera-t-on d'abord jamais sûr de n'avoir plus à combattre ni civilisés, ni sauvages, ni compatriotes ? L'hypothèse est inadmissible. On peut espérer que la guerre deviendra de plus en plus exceptionnelle et travailler dans ce but : on ne peut avoir l'absolue certitude qu'elle sera tout à fait supprimée. L'eût-on ? on posséderait toujours ces sources d'énergie, que nous avons montrées dans les plus humbles conditions sociales. Il faudrait continuer à lutter pour vivre. Pense-t-on, d'ailleurs, qu'actuellement tous les Européens n'entretiennent leurs vertus viriles que parce qu'ils songent à une guerre menaçante ? Allons donc ! Combien peu, dans les soucis et les occupations de l'existence quotidienne, pensent que demain, leur nation pourra se heurter contre une autre, et qu'ils ont à se maintenir forts pour ce motif. Chacun a trop de raison, dans un intérêt étroitement égoïste, d'être vigoureux, d'esprit ouvert, endurant, courageux, pour avoir encore besoin, afin de ne pas perdre ces qualités, de ce stimulant : la crainte de la guerre étrangère. Ceux qui les ont les gardent d'abord pour être plus aptes à la conquête de leur pain. Et si ce mobile n'agit pas sur eux, ce n'est pas le danger problématique de leur patrie qui les leur fera acquérir ou conserver.

M. Roosevelt, qui doit être cependant un pacifiste, puisqu'il a obtenu, à ce titre, un prix Nobel, s'est élevé, dans un discours célèbre, contre « les flasques » qui ne veulent plus de guerres. Il croit que les luttes justes, pour le droit, sont fécondes en bienfaits moraux. Mais en est-il de telles qui ne soient pas défensives ? M. Roosevelt précisant son idée reconnaît pourtant que les peuples civilisés feront mieux de ne plus se battre entre eux ; leurs hostilités ont un caractère fratricide, et elles coûtent tant d'or et tant de sang, elles causent tant de ruines qu'elles sont réellement condamnables. Mais M. Roosevelt approuve la lutte contre les peuples, peuplades ou tribus arriérés. Il est chaud partisan de l'expansion coloniale par les armes. Il affirme qu'elle est favorable aux conquérants civilisés et aux barbares ou demi-barbares vaincus. La guerre, dans ces cas-là, amène seule la paix durable. Ne faut-il pas voir là une pointe d'humour ? Sans doute, les terres d'Afrique, par exemple, sont habitées par des tribus féroces qui s'exterminent réciproquement. Il serait désirable que l'Europe coalisée allât faire régner en ces lieux l'ordre, l'équité, la paix, le travail, les lumières, la raison, exploitât pour le plus grand profit d'une plus large part d'humanité, en y comprenant avant tout autre les autochtones, ces contrées, si riches parfois et si stériles. On ne pourrait que la louer de les mettre en valeur, d'en faire jaillir, à l'avantage général, les trésors qu'elles recèlent, et qui, actuellement, sont perdus pour tous.

Mais ce n'est pas, malheureusement, ce que visent les peuples européens. Chacun d'eux veut conquérir pour soi, non pour tous, désire trouver en Afrique, pour soi seul, des débouchés à son industrie, vendre le plus cher possible, aux Indigènes qu'il soumet, des objets dont ceux-ci se passeraient aisément, ou qu'ils se procuraient à meilleur compte, auprès d'autres marchands. Chacun veut pressurer les vaincus, s'en servir comme de moyens, au lieu de les traiter comme des fins. La colonisation, dit M. Roosevelt, est favorable aux populations assujetties. Oui, quelquefois, Arabes et Kabyles ont gagné à la conquête française peut-être. Mais, le plus souvent, les sauvages soumis aux Européens..... ou aux États-Unis se trouvent si heureux du joug qu'on leur impose qu'ils en meurent de plaisir. La dernière Tasmanienne, a disparu en 1871. Tous les Indiens d'Amérique, y compris les Peaux-Rouges, s'éteignent graduellement. Le bonheur des vaincus semble bien être la tranquillité de la tombe.

Concluons : la guerre terrible n'a point de bons résultats qu'on ne puisse obtenir autrement : qu'elle ait lieu entre civilisés, entre civilisés et barbares, entre barbares. L'expansion coloniale elle-même n'est justifiable, aux yeux de la conscience, que si elle s'accomplit au profit de toute l'humanité, éclairée ou sauvage, que si elle a pour but de mieux exploiter, à l'avantage de tous, le lot commun de tous : la Terre. Et elle se réalisera plus aisément, plus complètement, par la paix que par la guerre. Et même, dans les siècles passés, les provinces que certaines nations ont prises, se sont fait céder par des traités, n'ont pas été absorbées par leurs nouvelles patries, quand celles-ci n'en ont pas conquis le cœur après le sol. Quelques batailles heureuses assujettirent la Silésie à Frédéric II, mais ce furent vingt ans d'administration intelligente et libérale, toute dans l'intérêt des vaincus, qui soumirent les Silésiens. Ce n'est jamais la guerre qui a donné réellement des provinces à certains États, c'est la bonne paix qui l'a suivie.

Ce n'est donc pas les armes à la main que l'on doit se présenter à des populations primitives, c'est avec des présents, et surtout avec le plus précieux de tous : la bonté. Il s'agit de s'allier les intérêts, les volontés, les âmes : c'est la seule conquête durable.

CHAPITRE VIII

La guerre est-elle fatale ?

La guerre est funeste ; elle n'offre aucun avantage qu'elle ait seule, dira-t-on, mais elle est fatale. Elle a été de tous les temps, elle sera donc toujours.

Joseph de Maistre, après beaucoup de théologiens, l'a considérée comme un châtiment céleste. La preuve en est que les hommes la font, en quelque sorte, malgré eux, malgré leur naturelle humanité. Dieu pousse les belligérants à s'entr'égorger pour punir leurs iniquités. Ce sont des bourreaux réciproques.

C'est un Dieu singulier que ce Dieu impitoyable qu'apaise seule la vue du sang, qui exige des milliers de victimes pour oublier les offenses qu'on lui a faites. Mais ne discutons pas. La foi a des raisons que la raison ne connaît pas. Admettons que Joseph de Maistre et ceux qui ont soutenu la même opinion que lui aient assisté, par faveur spéciale, aux conseils de Dieu, et sachent pertinemment qu'il a voulu les guerres comme expiation, ou qu'il entend les faire servir à l'accomplissement de ses secrets desseins. Il est incontestable qu'il change de projet, avec, il est vrai, la lenteur qu'explique son éternité. Ce qu'on peut remarquer fort bien, en effet, c'est que la guerre se fait de plus en plus rare.

Dans les premiers siècles de son existence, l'humanité ne s'était pas répartie en peuples, ni même en tribus, et il n'y avait évidemment pas de luttes internationales. Mais le combat était partout, sans trêve, et la terre, constamment rougie de sang. Les hommes ne se contentaient pas de se mesurer avec les fauves ; ils s'égorgeaient entre eux, pour se disputer un aliment ou un abri. Ils avaient les armes les plus grossières, que leur férocité rendait aisément mortelles.

Ils songèrent à se former en tribus, pour se défendre en commun contre les bêtes, et aussi hélas ! contre d'autres hommes. Chaque tribu eut ses lois, très imparfaites encore : ses coutumes traditionnelles. La première idée du droit était née cependant, du droit, force plus redoutable que la violence ; la première idée était née que les hommes auraient plus d'intérêt à s'unir qu'à s'entretuer. Les guerres entre tribus furent très fréquentes. Pour le prouver, il suffit d'invoquer les exemples que nous avons eus, que nous avons encore sous les yeux. Les Indiens, en Amérique, se combattaient souvent entre eux, avant d'avoir à lutter contre les Européens, qu'ils servirent même, plus tard, dans leurs querelles. Le centre africain est, quotidiennement, en proie aux combats féroces, que se livrent les petits rois nègres. Ce qui s'offre à nous dans les contrées barbares, c'est le spectacle que présentait toute la terre, lorsqu'elle était entièrement barbare, lorsque ses habitants ne connaissaient d'autre groupement que la tribu ou la peuplade.

Les guerres fréquentes encore le furent cependant bien moins, lorsqu'une ville eut imposé son hégémonie au monde, et l'on goûta même, sous l'empire des Césars, la paix romaine, toute relative d'ailleurs, et momentanée.

Au Moyen Age, la féodalité, qui divisa l'Europe, y entretint la lutte entre seigneurs. L'Europe s'est morcelée en innombrables principautés : aussi y revoit-on les combats incessants qui, aux époques très antérieures, s'y engageaient entre les tribus.

Les États modernes se fondent. Il y a entre eux de nombreuses guerres internationales, mais, enfin, les hostilités deviennent plus rares, si plus de soldats, dans les camps adverses, y prennent part. L'intérieur des pays connaît le droit, troublé seulement, durant les campagnes militaires, par les armées en marche ou aux mains.

A mesure que nous approchons du vingtième siècle, ces luttes entre peuples d'Europe s'espacent davantage. Il n'y a pas d'année sans bataille, de 1792 à 1815 ; de 1815 à 1848, les grandes mêlées sont bien plus rares.

Le second Empire, en France, n'est pas la paix promise. Un usurpateur est obligé de faire oublier son despotisme, en conduisant ses sujets belliqueux contre les Russes, les Autrichiens, les Mexicains, et des guerres d'indépendance sont engagées ailleurs.

Mais, depuis 1871, si les nations civilisées tentent encore d'imposer leur domination à des peuplades arriérées, incapables de se défendre, les luttes entre elles sont exceptionnelles. Le pays le plus avide d'aventures : la France, celui dont l'histoire n'est qu'une suite de campagnes, n'a pas livré une seule bataille importante depuis trente-sept ans.

N'est-ce pas symptomatique ? L'évolution de la guerre quotidienne vers la paix permanente n'est-elle pas marquée ? Et ne peut-on conclure que si celle-ci est loin d'être définitivement établie, elle est une promesse pour l'avenir, le but vers lequel on tend ? Dieu renonce à châtier avec le fléau des combats et songe à d'autres moyens pour assurer l'exécution de ses desseins. En travaillant à la mort de la guerre, on prépare le futur qui doit être ; on va dans le sens de l'évolution ; on sert les projets du Maître de l'univers. Joseph de Maistre oserait-il le nier ?

Pour quelles raisons la guerre s'est-elle faite plus rare ? C'est qu'elle a été de moins en moins avantageuse pour les vainqueurs. Il conviendrait ici peut-être de distinguer avec M. Lagorgette, les diverses causes qui l'ont engendrée : l'impulsion, la haine des races, des religions, la cupidité, la soif de conquérir, l'amour de la gloire et d'autres encore. Mais nous n'avons pas le temps de nous y arrêter, et nous renvoyons au *Rôle de la guerre* (Giard et Brière éd. : 15 fr.) Aussi bien, toutes ces causes se ramènent à une seule : l'intérêt, que celui-ci soit ethnique, sentimental ou grossièrement matériel, lointain ou proche. Or, pour notre argumentation, il suffit de montrer que l'on gagne de moins en moins à se battre.

Au début, dans les combats personnels, et même dans les luttes entre tribus, les adversaires terrassés appartenaient, avec tous leurs biens, à ceux qui les avaient vaincus. Ceux-ci les mettaient à mort, et certains les mangeaient. Plus tard, plus intelligents, moins féroces, aussi égoïstes, ils préféraient les réduire en esclavage, s'en faire des serviteurs. La guerre était une industrie criminelle mais très fructueuse. On comprend qu'elle fût aimée d'êtres avides et sans scrupules, à peine sortis de l'animalité originelle.

A une époque plus rapprochée de nous, mais très lointaine cependant, s'il faut en croire de tout récents travaux très consciencieux, on se battit moins pour le gain que pour la gloire. On aspirait à être renommé pour sa force, son courage, pour sa cruauté même. L'Indien d'Amérique était moins désireux de s'emparer de butin que de chevelures. Toutefois, les triomphateurs ne dédaignaient pas de gagner des trésors en gagnant de la célébrité. Les héros d'Homère, bien qu'artistes, veulent vaincre et profiter de la victoire.

S'il s'agit d'États puissants, durant les temps antiques, ils considéraient comme leur propriété légitime les terres qu'ils avaient soumises. Rome, maîtresse du monde, croyait que le monde était son bien. Elle l'aurait partagé entre ses citoyens, si elle l'avait jugé bon. Tout au moins, elle établissait des colonies dans les contrées qu'elle avait conquises, sans payer aucune indemnité aux expropriés. Elle se faisait verser un tribut de rachat par les peuples qu'elle laissait en possession de leur sol, à moins qu'elle ne crût politique de les traiter plus généreusement, de leur donner le titre d'alliés, ou de leur concéder tout ou partie des droits de ses citoyens. Et Rome passait pour la ville entre toutes amoureuse de gloire !

Dans les siècles modernes, on n'a plus osé réduire en esclavage les vaincus, ni les dépouiller : mais il paraissait très admissible de détacher une ou plusieurs provinces d'un pays contraint de demander la paix, pour les ajouter à l'État qui daignait la lui accorder. Le fruit des victoires, c'était la Flandre, l'Artois, la Silésie, le quart de la Prusse, la Pologne entière. Et le triomphateur imposait souvent des lois tyranniques, aux habitants qu'il s'était ainsi assujettis.

Vers la fin du XIXe siècle, nous avons vu encore des annexions de territoire : celle des duchés danois, par exemple, ou de l'Alsace-Lorraine. Mais la conscience publique n'accepte déjà plus ces conquêtes. Elle les juge immorales. Elle n'admet plus qu'on partage les peuples réels — les peuples civilisés — comme les troupeaux.

Après la guerre austro-italienne, on a consulté la Savoie et le Comté de Nice avant de les réunir à la France. Pour les duchés et l'Alsace-Lorraine même, l'Allemagne a prétendu qu'elle reprenait des terres siennes. C'est un prétexte, sans doute, mais c'est aussi une reconnaissance du droit qu'ont les peuples de s'appartenir. C'est une négation implicite des conquêtes.

Ni le corps, ni les biens, ni la domination absolue du vaincu : le vainqueur, aujourd'hui, n'obtient rien. Pourquoi donc combattre ? Pourquoi donc risquer d'être tué ? Pourquoi — ce qui est plus grave, mieux fait pour impressionner une âme contemporaine — pourquoi tuer ?

Pour la gloire ? La gloire pour qui ? Pour quelques généraux peut-être, non pour les millions d'obscurs combattants qui leur assurent la victoire. Dans la guerre moderne, il n'y a plus l'ivresse cruelle, l'ivresse toutefois des combats singuliers où la valeur personnelle était en montre. Les soldats, les officiers même sont au rang qui leur est assigné, rouages qu'utilise le chef. Oh ! évidemment l'héroïsme de mourir à son poste égale ou surpasse l'héroïsme antique : mais la gloire ne le couronne pas. Entre cent mille combattants également impassibles sous des pluies de mitraille, qui donc choisirait-elle ? Dans les batailles, la mort arrive de trop loin aujourd'hui ; elle frappe trop en aveugle, indifféremment le brave ou le lâche ; elle vient souvent d'un ennemi qu'on ne voit pas, et qui n'a pas visé celui qu'il atteint. La guerre a perdu son éclat. Les plus vaillants en parlent avec horreur. Ils sont prêts à la faire, si leur patrie l'exige ; mais ils ne la souhaitent pas, tout au moins avec des civilisés. Elle a gardé toute sa férocité ; elle est même plus meurtrière ; mais elle n'a guère plus la parure de gloire, qui dissimulait à demi ce qu'elle a d'affreux.

Examinons cependant, d'un peu plus près, ses causes actuelles. Reconnaissons un fait. A tort ou à raison, les nations les plus éclairées se considèrent comme des rivales. Elles ne peuvent s'imaginer encore qu'elles soient capables de grandir, sinon au détriment d'autres peuples. Elles se traitent en antagonistes. Et pourquoi leurs disputes? Pour des intérêts économiques, ou pour l'hégémonie. Quand elles se jugent en conflit d'intérêts, c'est, soit pour l'acquisition ou la limitation de colonies, soit pour la conquête exclusive de marchés où elles se concurrencent.

Il paraît difficile aux Européens de soumettre encore des terres barbares. Le partage entre eux de l'Asie, de l'Afrique, de l'Amérique, de l'Océanie est fait ou presque accompli. La loi de Monroë leur interdit de songer désormais à s'emparer d'aucune contrée du Nouveau-Monde. Les Japonais sont assez forts pour édicter, en Asie, un principe pareil, et s'opposer à ce que la Chine soit dépecée. Reste le Maroc. Mais ce pays a, pour le protéger, les montagnes qui le hérissent, le courage fanatique de ses huit millions d'habitants, et, plus encore, la jalousie réciproque des nations colonisantes. On a le dessein d'en faire une sorte de proie collective de l'Europe sous l'autorité nominale de son sultan, en lui conservant son apparente intégrité.

Il semble bien que, dans l'avenir, cette colonisation internationale sera le type ordinaire. Dans ces conditions, quels États éclairés seront assez désintéressés, assez cruels, assez peu ménagers de leur or et de leur sang, assez sots, pour tenter pareilles conquêtes? Quels Ratons se brûleront pour tirer du feu des marrons, qu'avec le régime de la porte ouverte, c'est-à-dire de la liberté commerciale, croqueront de plus prudents Bertrands?

Donc, il semble que les luttes coloniales deviendront plus rares.

Il se pourra toutefois que les contrées sauvages, asservies aux civilisés, secouent le joug qu'on fait peser sur elles, et reprennent, par les armes, leur indépendance, si leurs maîtres ne sont pas assez sages pour leur donner graduellement leur autonomie. Ce seront des guerres coloniales encore, mais les dernières.

S'il est pourtant des pays qui supportent un dominateur, ils entendront qu'on les régisse dans leur propre intérêt, non dans celui de leur suzerain. Ils exigeront que l'autorité exercée sur eux soit paternelle. Ils voudront importer, au meilleur compte, les marchandises nécessaires à leur vie, exporter, aux plus hauts prix, leurs productions. Aussi, les civilisés gagneront-ils à signer, avec les peuples arriérés, de bons traités de commerce, au lieu de les soumettre par la guerre, et de les conserver par la force, sous le joug.

Souhaitons que les colonies, établies pour créer des débouchés à l'industrie européenne, ne luttent pas, contre leurs vainqueurs, de la plus redoutable et de la plus intelligente des façons : en devenant, pour eux, des concurrents dans les marchés du monde.

On ne fera plus la guerre, dans les colonies ou pour les colonies : la fera-t-on pour d'autres intérêts économiques ? Les sert-on à coups de canon ? Prend-on, pour longtemps, des clients, les armes à la main ? Non, on l'emporte sur ses concurrents commerciaux en produisant de meilleures marchandises ou à plus bas prix qu'eux. D'ailleurs, pendant les querelles sanglantes entre deux nations peut en survenir une troisième, qui, pacifiquement, les supplantera toutes deux, dans la conquête du marché convoité par elles.

Se battra-t-on pour l'hégémonie ? La vraie gloire, pour un peuple, est-elle d'être craint et détesté ? La France, sous la révolution, était accueillie en bienfaitrice par certaines villes, parce qu'elle leur apportait, avec la liberté, des idées nobles, qui font vivre. Sous l'Empire, plus victorieuse, elle souleva contre elle l'indignation générale, et si sa domination matérielle s'étendit, sa domination morale diminua singulièrement.

Après la défaite de Waterloo, la France exerça sur l'Europe, par ses grands artistes, plus d'action qu'au moment des victoires napoléoniennes. Ses révolutions de 1830 et de 1848 se répercutèrent dans le monde. Rappelons la célèbre page de Michelet, dans le livre du Peuple. Comme il cinglait les nations plaignant perfidement la France « assise par terre comme Job » ! « Elle vous a transmis son âme, leur disait-il, et c'est de quoi vous vivez ! » Et elle la leur transmettait encore, à ce moment, par toutes ses illustrations, de tout ordre, de Hugo à Thiers.

Et la France elle-même, comme tout l'univers civilisé, avait reçu la pensée d'un petit peuple : celui d'Athènes, qui, en mourant, avait laissé, en héritage, aux générations successives, des idées éternellement vivantes, parce qu'elles sont éternellement humaines.

Oui, la véritable hégémonie n'est pas celle qu'imposent les armes. Celle-ci est contrainte, plus apparente que réelle, douloureuse et haïe, sujette à tout instant à être perdue. L'hégémonie durable, profonde, aimée, c'est, pour un peuple, celle qui consiste dans le rayonnement de sa pensée. Apportez au monde plus de liberté, plus de lumières, plus de bonheur, vous exercerez sur lui, tôt ou tard, un empire solide. Les nations civilisées sont des personnes morales ; elles sont intelligentes ; elles savent comprendre leurs intérêts. Elles acceptent l'autorité de qui les sert le plus. Oui, malheureusement, certaines d'entre elles ne sont pas encore assez éclairées ; elles peuvent se laisser égarer par des trompeurs. Certaines n'ont pas encore la pleine disposition d'elles-mêmes, et elles risquent de se voir engager, pour une hégémonie menteuse, au vrai pour un intérêt dynastique, en une guerre aussi sanglante qu'inutile. Mais ce n'aura qu'un temps. Instruites, complètement maîtresses de leurs destinées, elles lutteront noblement pour la suprématie de l'esprit. Chacune voudra, dans la mesure où ce sera possible et souhaitable, faire vivre, dans la paix, les autres de sa vie mentale, au lieu de chercher à les anéantir sur les champs de bataille. Les guerres pour l'hégémonie disparaîtront.

Et s'il n'y a plus d'intérêt d'aucune nature, pour les peuples, à s'exterminer réciproquement, est-il permis de dire toujours que la guerre est fatale ? Non, elle était, parce qu'elle avait sa raison d'être, non aux yeux de la morale certes ! mais aux yeux de l'égoïsme humain. Elle ne doit plus être bientôt, parce qu'elle n'aura plus bientôt aucune raison d'être. Le besoin crée l'organe ; le besoin disparaissant, l'organe s'abolit. C'est une absurdité de prétendre, que ce qui fut sera, il serait plus sage d'affirmer, *a priori*, que ce qui fut a chance de ne plus être. Tout se transforme : l'évolution entraîne tout. Cette loi du monde suffirait pour prédire la mort de la guerre, si l'on n'avait pas prouvé que l'homme, égoïste mais intelligent, la fait de plus en plus rarement, parce qu'il l'estime de plus en plus inutile.

DEUXIÈME PARTIE

Ce qu'on a tenté
pour régler autrement que par la guerre
les litiges internationaux

DEUXIÈME PARTIE

Ce qu'on a tenté pour régler autrement que par la guerre les litiges internationaux

CHAPITRE PREMIER

Court historique du pacifisme.

Les litiges internationaux ne doivent plus se régler par la guerre, mais comment ? Voyons à quoi l'on a songé, dans ce but, jusqu'aux temps actuels.

Hérodote parle d'un traité d'arbitrage entre les Ioniens. Thucydide en cite un autre, entre Argos et Lacédémone, conclu pour cinquante ans. Ces deux villes s'engageaient à soumettre à une troisième, neutre, le règlement des conflits qui pourraient survenir entre elles. D'autres cités grecques, et, en particulier, en 441 av. J.-C., Athènes et Sparte, Sparte la guerrière par excellence, signent un pareil contrat.

Il nous faut ensuite arriver au Moyen-Age. Nous y retrouvons des dispositions d'arbitrage permanent dans les traités conclus entre les petits États italiens.

flamands, suisses ou allemands. La Paix perpétuelle, après Marignan (1515), entre les cantons helvétiques et la France, envisageait aussi l'organisation d'un arbitrage entre les parties contractantes, au cas d'un désaccord ultérieur entre elles.

Henri IV rêvait, s'il faut en croire la vieillesse de Sully, à la constitution d'une cour de soixante membres jugeant tous les conflits qui pourraient éclater entre les États de l'Europe, rebâtie sur les plans du roi de France.

L'abbé de Saint-Pierre, dans l'article 3 de son Traité de paix perpétuelle, proposait, au commencement du XVIIIe siècle, le recours à la médiation pour la solution des conflits entre les membres de sa République chrétienne. En cas d'échec de ce premier arbitrage, le jugement définitif du litige appartiendrait aux plénipotentiaires des autres alliés.

Ce furent là, à la vérité, de vaines tentatives ou de simples projets. C'est au XIXe siècle que revient l'honneur d'avoir commencé à réaliser l'arbitrage.

En 1867, se fonda, à Genève, une première institution privée contre la guerre. Ce fut la Ligue internationale de la Paix et de la Liberté, dont la prospérité s'est maintenue, qui comptait et qui compte parmi ses membres, des célébrités de tous les pays. Son programme est trop vaste, pour qu'on l'expose tout ici. Elle s'est surtout proposé de soutenir les principes de l'autonomie des peuples et de la solution des conflits internationaux, par des moyens juridiques. Elle se réunit en assemblées générales annuelles. Elle a un journal : les *États-Unis d'Europe*, dont la manchette indique les doctrines : celles de la Ligue, et dont le titre exprime le rêve suprême : la fédération des États européens.

C'est à l'Assemblée générale de la Ligue, que, le 8 septembre 1873, M. Charles Lemonnier déposa le premier projet de traité d'arbitrage permanent. Ce projet inspiré par un vœu que présenta M. Henry

Richard à la Chambre anglaise des Communes, avait pour titre :

Projet d'un traité d'arbitrage entre la France et l'Angleterre.

Il fut modifié quelque peu, l'année suivante. En voici les traits essentiels :

Article Premier. — Les deux parties contractantes s'engagent à soumettre au Tribunal arbitral, dont la constitution, la juridiction et la compétence seront fixées plus bas, tous les différends et toutes les difficultés qui pourront naître entre les deux peuples, quels que puissent être les causes, la nature et l'objet de ces difficultés. Les deux nations renoncent de la façon la plus absolue, sans aucune exception, restriction, ni réserve, à user, l'une vis-à-vis de l'autre, directement ou indirectement, d'aucun moyen ni procédé de guerre.

Art. 2. — Tout différend né ou à naître entre les deux peuples sera soumis à un tribunal de trois personnes, lequel jugera sans appel en dernier ressort.....

Chacun des deux peuples nommera un arbitre, et les deux arbitres choisis nommeront le troisième.

Ce tribunal jugera le litige précis qui lui sera soumis, en appliquant une loi internationale régissant les parties contractantes, et, en l'absence de cette loi, en s'inspirant de principes. Suivaient ces principes. En voici les plus caractéristiques :

I. — Les peuples sont égaux entre eux, sans égard à la superficie des territoires non plus qu'à la densité des populations.

II. — Les peuples s'appartiennent à eux-mêmes ; ils sont responsables les uns envers les autres, tant de leurs propres actes, que des actes des sujets ou citoyens qui les composent, ainsi que des actes de leurs gouvernements.

Ce droit est inaliénable et imprescriptible. Nul peuple ne peut légitimement disposer d'un autre peuple, pour annexion ni de quelque autre façon que ce soit.

VI. — Est nul, comme contraire à l'ordre public, tout traité ayant pour objet :

Toute atteinte à l'autonomie d'un ou de plusieurs peuples ou individus ;

Toute autre guerre qu'une guerre défensive ;

..... Toute cession de territoire conquis, non consentie par les habitants.

VII. — Tout peuple envahi a le droit, pour repousser l'invasion, d'user de toutes les ressources de son territoire et de toutes les forces collectives et individuelles de ses habitants.

M. Emile Arnaud le fait remarquer à juste titre : c'est à cette formule de Charles Lemonnier qu'il faut encore et qu'il faudra vraisemblablement toujours revenir, pour retrouver les véritables règles de l'arbitrage international permanent.

Deux critiques pouvaient cependant y être présentées. La disposition qui porte « que les peuples ont le droit inaliénable et imprescriptible de se gouverner eux-mêmes » ne sera pas approuvée par les États autocratiques.

« Sans doute, répondait M. Lemonnier, si l'une des parties contractantes ou toutes deux sont telles, elles la supprimeront. Mais, à la vérité, la paix ne s'établira d'une façon définitive que lorsque les nations seront maîtresses de leurs destinées. »

La seconde critique contre le projet de traité Lemonnier était la suivante :

L'arbitrage ne résout rien, parce qu'il n'est pas susceptible d'exécution. Comment, en effet, serait sanctionnée la sentence des arbitres ?

Les partisans de l'arbitrage faisaient observer que jamais aucune nation, ayant souscrit à un arbitrage, n'avait refusé l'exécution de la sentence. Le passé répondait de l'avenir.

L'argument était historique non juridique. Aussi, en 1890, M. Lemonnier, après en avoir discuté avec M. de Monluc et avec M. Emile Arnaud, proposa, au 24me Congrès de la Ligue Internationale de la Paix et de la Liberté, tenu à Grenoble, la résolution suivante, votée à l'unanimité :

« L'assemblée déclare qu'en aucun cas, les mesures prises pour ramener à exécuter une sentence arbitrale, ne peuvent avoir le caractère d'actes de guerre, ni être réputés tels, qu'elles soient ou non appuyées sur la force.

Emet l'avis que, sans déroger au principe indiscutable de leur autonomie, les nations signataires d'un traité d'arbitrage peuvent juridiquement, par une disposition spéciale du compromis, autoriser les arbitres à sanctionner leur sentence. »

Nous voyons apparaître ici un nouvel organe de la Paix : les congrès de tous les pacifistes qui se réunissent actuellement tous les ans, dans une grande ville, d'un des États civilisés, chaque fois différente. Deux de ces congrès universels, celui de Berne (1892) et d'Anvers (1904) ratifièrent le vote du Congrès de Grenoble, avec quelque restriction :

« Les sanctions à un traité d'arbitrage permanent devaient être des « sanctions pacifiques définies. »

Donc le projet de traité d'arbitrage permanent, rédigé par M. Lemonnier, est susceptible d'être signé par quelque peuple que ce soit, et la décision des arbitres qu'il prévoit peut être sûrement exécutée. Il est à souhaiter d'ailleurs que le sentiment de l'honneur, sanction morale, suffise à rendre toujours les parties contractantes fidèles observatrices de la décision, prise par les arbitres qu'elles ont choisis librement.

Quelles peuvent être toutefois les sanctions matérielles à la décision arbitrale ? M. de Montluc les a indiquées. Deux nations litigantes remettront à une banque désignée une somme déterminée, en garantie de l'exécution de la sentence dont elles chargeront un tribunal d'arbitrage. D'autres fois, elles confieront un territoire contesté entre elles à une tierce puissance, de préférence à une puissance neutralisée. Ou bien, ce seront des gages tels qu'embouchures de cours d'eau, baies, anses, ports de commerce ou bandes de territoire (1) ».

Depuis le projet de M. Lemonnier, la Ligue Internationale de la Paix et de la Liberté a renouvelé, en 1879, en 1882, en 1886, ses vœux de 1873 et de 1874 que « tous les peuples et tous les gouvernements d'Europe négocient et concluent de tels traités, soit entre eux, soit avec les États-Unis d'Amérique. »

En 1886, un pas en avant est fait encore. La Ligue énonce, pour la première fois, avec une grande netteté, la nécessité d'une organisation internationale pour assurer le triomphe de l'arbitrage permanent. Elle demande : 1° Une loi internationale faite ou librement consentie par ceux qui doivent lui obéir ; 2° Un tribunal international librement élu par ses justiciables ; 3° Une force internationale qui sanctionne et assure l'exécution des arrêts rendus par ce tribunal.

Le 21me Congrès de la Ligue, en 1887, aboutit à la même résolution, qu'il formule en termes un peu différents. Il y ajoute cependant, en tête, un premier article :

« Une convention fédérative garantit aux nations associées la souveraineté et l'autonomie de chacune ».

Faisons remarquer ici qu'il paraît y avoir désaccord, en un point, entre la Ligue de la Paix et de la Liberté et le Congrès universel de la Paix. L'une, dès 1886, propose la création d'une *force* internationale qui sanctionne et assure l'exécution « des

---

(1) M. Emile Arnaud propose encore que lorsqu'une nation n'aura pas obéi à une sentence arbitrale, toutes les autres rompent avec elle toutes relations commerciales et la réduisent à l'isolement économique.

traités arbitraux ». L'autre, en 1904, ne veut à ces traités que « des sanctions *pacifiques* définies ».

Le 30 juin 1883, se fonde une nouvelle institution de la Paix, la première qui ait un caractère semi-officiel. Des représentants, appartenant à onze Parlements, se constituent en Confédération interparlementaire, et « recommandent à tous les « gouverne-« ments civilisés la conclusion de traités par lesquels, « sans porter atteinte à leur indépendance et sans « admettre aucune ingérence dans ce qui touche à « leur constitution intérieure, ces gouvernements « s'engageraient à soumettre à l'arbitrage le règle-« ment de tous les différends qui peuvent survenir « entre eux ».

Le 23ᵐᵉ Congrès de la Ligue Internationale de la Paix et de la Liberté, en juillet 1889, tout en paraissant reconnaître implicitement « qu'une fédération « européenne ou une haute cour internationale subs-« titueraient mieux, en Europe, l'état juridique à « l'état de guerre, déclare qu'en l'état actuel des « relations internationales, la négociation et la con-« clusion de traités d'arbitrage lui semble la voie la « plus courte par laquelle les nations puissent « aujourd'hui sortir de l'état de trêve armée et par-« venir à la paix et au désarmement ».

Plusieurs conférences interparlementaires, divers Congrès de la paix ont réitéré ces résolutions, applaudi aux traités d'arbitrage entre peuples, examiné comment on pourrait amener « à en demander « la conclusion les organes compétents de chaque « pays ».

En 1897, après de longs pourparlers, se produisit un fait considérable. Un traité d'arbitrage fut signé entre M. Olney, secrétaire général des États-Unis, et Sir Julian Pauncefote, ambassadeur d'Angleterre à Washington. Deux des plus grandes nations allaient-elles donner l'exemple du recours à l'arbitrage pour régler leurs différends? Tous les amis de la paix l'espérèrent, et en manifestèrent leur joie. C'était la plus éclatante des preuves que le recours à l'arbitrage n'était pas une utopie. Ce procédé juridique, après avoir été uniquement proposé par des ligueurs privés, puis, conseillé par une confédération de parlementaires semi-officielle, trouverait-il une consécration officielle ? Les organisations pacifistes exprimèrent le souhait que « dans le traité anglo-« américain on introduisît une clause qui en ouvrît « l'accès à tous les États qui voudraient y adhérer ». Le recours à l'arbitrage pouvait aussi devenir rapidement la loi générale des civilisés. A la vérité, le traité anglo-américain excluait les litiges « où l'hon-« neur et les droits nationaux des contractants » seraient en question : mais rien n'empêchait d'en étendre, plus tard, la portée à tous les conflits des signataires. Et le bénéfice de cette extension pouvait être aussi acquis aux autres peuples, futurs contractants. Le Sénat américain ne ratifia pas, avec la majorité nécessaire des deux tiers des suffrages, le traité Olney-Pauncefote. Quarante-six voix cependant lui furent favorables contre vingt-six.

Depuis cette époque jusqu'en 1899, c'est-à-dire jusqu'au premier Congrès de La Haye, dont nous parlerons dans le chapitre suivant, de nombreux traités d'arbitrage ont été proposés, mais, pour la plupart, non ratifiés, par exemple, entre la France et les États-Unis, entre dix-sept nations américaines. Pourtant, en 1898, un traité d'arbitrage général et permanent a été signé à Rome entre l'Italie et la République Argentine. Il n'admet aucune restriction, mais ne propose pas de sanction aux décisions des juges. Un Congrès pan-américain d'ailleurs, dès 1890, avait abouti à la conclusion d'un traité d'arbitrage entre les républiques américaines.

CHAPITRE II

Les deux conférences de La Haye.

Arrivons à l'événement capital peut-être de l'histoire du pacifisme, jusqu'à ce jour tout au moins. Il s'agit, en quelque sorte, de la consécration de cette doctrine, théoriquement et même, dans une certaine mesure, pratiquement, d'abord, par vingt-six États civilisés, en 1899, plus tard, en 1907, par quarante-quatre.

L'Empereur de Russie, le 24 août 1898, convoqua une Conférence internationale « pour discuter les « moyens d'établir la paix ». Vingt-six nations y furent représentées, et, parmi elles, toutes les grandes puissances.

« Le siècle dernier, dit éloquemment M. Carnegie, « restera célèbre pour avoir donné naissance à cette « haute cour d'humanité ».

La Conférence s'ouvrit le 18 mai 1899. Elle ne réalisa pas toutes les espérances qu'elle avait fait concevoir, et M. Carnegie en parle peut-être avec trop d'enthousiasme. Toutefois, elle a défini le rôle de l'arbitrage international, organisé une juridiction arbitrale permanente : la Cour permanente d'arbitrage de La Haye, fixé une procédure de l'arbitrage. L'article 19 de la Convention qu'on y a conclue est ainsi rédigé :

Indépendamment des traités généraux ou particuliers qui stipulent actuellement l'obligation du recours à l'arbitrage pour les Puissances signataires, ces Puissances se réservent de conclure, soit avant la ratification du présent acte, soit postérieurement, des accords nouveaux, généraux ou particuliers, en vue d'étendre l'arbitrage obligatoire à tous les cas qu'elles jugeront possible de lui soumettre.

Ce traité est l'expression du désir qu'avaient les plénipotentiaires de voir s'étendre la pratique de l'arbitrage obligatoire.

En 1900, l'Assemblée générale de la Ligue de la Paix et de la Liberté, par l'organe de M. Emile Arnaud, traduisit son regret « que la Conférence de « La Haye ne fût point parvenue à instituer le « régime de l'arbitrage international obligatoire ».

Elle reconnaissait pourtant l'heureux résultat obtenu.

D'autres critiques reprochèrent, à la première Conférence de La Haye, de s'en être tenue à un simple vœu, relativement à la réduction des armements. Ce vœu fut d'ailleurs des plus stériles puisque, jusqu'à présent, les diverses nations ont augmenté continuellement leur budget militaire.

Certains pays n'étaient pas représentés à la première Conférence de La Haye, ils n'y avaient pas été conviés, parce qu'ils ne possédaient pas, dans la capitale hollandaise, d'agent diplomatique. Ils firent une Conférence américaine de La Haye qui se rallia complètement aux décisions de sa devancière.

Ce furent là des assises internationales. La Cour de justice qu'elles avaient créée a réglé, depuis, plusieurs différends : entre les États-Unis et le Mexique, entre l'Angleterre, la France, l'Italie, l'Amérique et le Vénézuéla. Quand, durant la guerre russo-japonaise, des bateaux pêcheurs anglais, au Dogger-Bank, pris pour des torpilleurs japonais, furent atteints par l'artillerie des vaisseaux russes, une Commission internationale d'enquête, prévue par la Convention de La Haye et dont la réunion fut sollicitée par les deux nations en cause, régla la difficulté qui avait failli les mettre aux prises.

A la vérité, la Cour de La Haye n'a pu terminer la lutte sanglante entre la Russie et le Japon. L'intervention, en ce cas, du président Roosevelt, fut, au contraire, efficace. N'en concluons pas à l'inutilité de ce tribunal : il a rendu des services, et il en rendra davantage dans l'avenir. Il n'empêchera peut-être d'abord qu'une guerre sur dix, et ce sera déjà un grand bienfait ; il en empêchera plus dans la suite. Et il acquerra ainsi plus de droits à la reconnaissance du monde. Le progrès est lent ; on ne peut changer complètement la vie internationale, du jour au lendemain. Ce ne se fait pas en un coup de miracle.

Il faut compter surtout, à l'actif de la première Conférence de La Haye, soixante-six traités d'arbitrage, conclus entre la plupart des nations civilisées, sous son inspiration, et conformément au souhait qu'elle avait exprimé. Ces traités ont été signés, en effet, entre la date de sa séparation et celle de la réunion de la seconde Conférence. Nous ne pouvons les citer tous. Mentionnons cependant ceux qui lient les grandes puissances, celles qui, confiantes en la force de leurs armées, y ont été d'abord les moins enclines. Il est difficile de connaître la date exacte de ces traités. Nous la donnons donc sous réserves.

14 octobre 1903 : traité d'arbitrage entre la France et la Grande-Bretagne ;

25 décembre 1903 : traité d'arbitrage entre l'Italie et l'Espagne ;

11 juillet 1904 : traité d'arbitrage entre l'Allemagne et la Grande-Bretagne ;

11 juillet 1904 : traité d'arbitrage entre la Grande-Bretagne et la Suède et Norvège ;

1er novembre 1904 ou 10 février 1908 : traité d'arbitrage entre la France et les États-Unis ;

22 novembre 1904 : traité d'arbitrage entre l'Allemagne et les États-Unis ;

12 décembre 1904 : traité d'arbitrage entre la Grande-Bretagne et les États-Unis ;

6 janvier 1905 : traité d'arbitrage entre l'Autriche-Hongrie et les États-Unis ;

11 janvier 1905 : traité d'arbitrage entre l'Autriche-Hongrie et la Grande-Bretagne ;

11 février 1905 : traité d'arbitrage entre le Japon et les États-Unis.

Presque tous les États secondaires et les petits États ont signé des traités entre eux ou avec les grandes nations. Un engagement pareil unit, en particulier, toutes les puissances américaines. (1)

Nous ne pouvions montrer plus longuement que nous ne l'avons fait l'œuvre de la première Conférence de La Haye, sous peine de nous répéter en parlant de la seconde. Celle-ci, en effet, a travaillé sur le même plan que la précédente.

Elle a été convoquée par le Président Roosevelt, s'est réunie le 15 juin 1907, a terminé ses travaux le 18 octobre de la même année. Les délégués de quarante-quatre nations y ont participé. Elle a abouti à quatorze conventions, que tous ses membres ont signées, sauf quelques réserves de plusieurs d'entre eux, pour certains articles.

On ne peut certes relater ici, intégralement, toutes ces conventions. Elles ont été publiées en un petit volume. On en indiquera toutefois l'esprit et les dispositions essentielles.

En premier lieu, elles renouvellent celles de la Conférence de 1899, les fortifient, les améliorent,

---

(1) M. Carnegie a souscrit 100.000 dollars en vue d'élever à Washington un Temple de la Paix, pour recevoir le Bureau des républiques américaines et pour servir les intérêts communs aux différents États de l'Amérique latine, en même temps que ceux qui lient ces États aux États-Unis de l'Amérique du Nord.

expriment une plus étroite solidarité entre les peuples contractants, tendent à adoucir les maux de la guerre terrestre ou maritime, ont pour objet de protéger les droits des neutres, les biens privés, la vie des nationaux non combattants dans les pays en lutte ; elles créent enfin un nouvel organisme international : une cour des prises maritimes.

La seconde Conférence de La Haye n'a pas abouti à des conclusions fermes sur deux points essentiels.

Elle n'a pu s'entendre pour rendre l'arbitrage obligatoire dans les litiges entre nations, mais elle en a reconnu le principe, à l'unanimité, et déclaré que « certains différends et notamment ceux relatifs « à l'interprétation et à l'application des stipulations « conventionnelles internationales sont susceptibles « d'être soumis à l'arbitrage obligatoire, sans aucune « restriction. »

Elle n'a pas, en second lieu, résolu le problème du désarmement. Cependant, à ce sujet, elle a confirmé, à l'unanimité, la résolution adoptée à la première Conférence, « relativement à la limitation des charges militaires », ajoutant « qu'il est hautement « désirable de voir les gouvernements reprendre « l'étude sérieuse de cette question ».

Des conventions, détachons les articles suivants :

Sur le règlement pacifique des conflits internationaux.

ART. 2. — En cas de dissentiment grave ou de conflit, avant d'en appeler aux armes, les Puissances contractantes conviennent d'avoir recours, en tant que les circonstances le permettront, aux bons offices ou à la médiation d'une ou de plusieurs puissances amies.

ART. 3. — Indépendamment de ce recours, les Puissances contractantes jugent utile et désirable qu'une ou plusieurs Puissances étrangères au conflit, offrent, de leur propre initiative, en tant que les circonstances s'y prêtent, leurs bons offices ou leur médiation aux États en conflit.

ART. 4. — Le rôle de médiateur consiste à concilier les

prétentions opposées et à apaiser les ressentiments qui peuvent s'être produits entre les États en conflit.

Art. 7. — L'acceptation de la médiation ne peut avoir pour effet, sauf convention contraire, d'interrompre, de retarder ou d'entraver la mobilisation et autres mesures préparatoires à la guerre.

Si elle intervient après l'ouverture des hostilités, elle n'interrompt pas, sauf convention contraire, les opérations militaires en cours.

Art. 8.— ..... En cas de différend grave, compromettant la paix, les États en conflit choisissent respectivement une Puissance à laquelle ils confient la mission d'entrer en rapport direct avec la Puissance choisie, d'autre part, à l'effet de prévenir la rupture des relations pacifiques.

Art. 9. — Dans les litiges d'ordre international n'engageant ni l'honneur ni les intérêts essentiels et provenant d'une divergence d'appréciation sur des points de fait, les Puissances contractantes jugent utile et désirable que les Parties, qui n'auraient pu se mettre d'accord par les voies diplomatiques, instituent, en tant que les circonstances le permettront, une Commission internationale d'enquête chargée de faciliter la solution de ces litiges, en éclaircissant, par un examen impartial et consciencieux, les questions de fait.

Art. 37. — L'arbitrage international a pour objet le règlement des litiges entre les État par des juges de leur choix et sur la base du respect du droit.

Le recours à l'arbitrage implique l'engagement de se soumettre de bonne foi à la sentence.

Art. 38. — Dans les questions d'ordre juridique, et, en premier lieu, dans les questions d'interprétation ou d'application des conventions internationales, l'arbitrage est reconnu, par des Puissances contractantes, comme le moyen le plus efficace et en même temps le plus équitable, de régler les litiges qui n'ont pas été résolus par les voies diplomatiques.

..... Il serait désirable que les Puissances contractantes y eussent recours.

Art. 40. — Indépendamment des traités généraux ou particuliers qui stipulent actuellement l'obligation du recours à l'arbitrage par les Puissances contractantes, ces Puissances se réservent de conclure des accords nouveaux, généraux ou particuliers, en vue d'étendre l'arbitrage obligatoire à tous les cas qu'elles jugeront possible de lui soumettre.

Art. 41.— ..... Les Puissances contractantes s'engagent à maintenir la Cour permanente d'arbitrage de La Haye.

Art. 43.— ..... Une copie certifiée conforme de toute stipulation d'arbitrage entre les Puissances contractuelles lui sera communiquée.

Art. 44. — ..... Chaque Puissance contractante désigne quatre personnes au plus, d'une compétence reconnue dans les questions de droit international, jouissant de la plus haute considération morale, et disposées à accepter les fonctions d'arbitre.

Les personnes ainsi désignées sont inscrites au titre de membres de la Cour, sur une liste qui sera notifiée à toutes les Puissances contractantes, par les soins du Bureau. (1)

Art. 45.— Lorsque les Puissances contractantes veulent s'adresser à la Cour permanente pour le règlement d'un différend survenu entre elles, le choix des arbitres appelés à fermer le tribunal compétent pour statuer sur ce différend, doit être fait dans la liste générale des membres de la Cour.

Chaque partie nomme deux arbitres dont un seulement peut être national ou choisi parmi ceux qui ont été désignés par Elle comme membres de la Cour permanente. Ces arbitres choisissent ensemble un surarbitre.

En cas de partage des voix, le choix du surarbitre est confié à une Puissance tierce, désignée de commun accord par les Parties.

Art. 48. — Les Puissances contractantes considèrent comme un devoir, dans le cas où un conflit aigu menacerait d'éclater entre deux ou plusieurs d'entre elles, de rappeller à celles-ci que la Cour permanente leur est ouverte.....

---

(1) Bureau international qui sert de greffe à la Cour.

Les autres articles de la première Convention sont surtout des articles réglant la procédure d'arbitrage.

La deuxième Convention a pour objet la limitation de l'emploi de la force pour le recouvrement des dettes contractuelles.

Art. 1. — Les Puissances contractantes sont convenues de ne pas avoir recours à la force armée pour le recouvrement des dettes contractuelles réclamées au Gouvernement d'un pays, par le Gouvernement d'un autre pays, comme dues à ses nationaux.

Toutefois, cette stipulation ne pourra être appliquée, quand l'État débiteur refuse ou laisse sans réponse une demande d'arbitrage, ou, en cas d'acceptation, rend impossible l'établissement du compromis, ou, après l'arbitrage manque de se conformer à la sentence rendue.

La troisième, la quatrième et la cinquième Convention ont trait à la conduite des contractants, quant à l'ouverture des hostilités ou à la guerre sur terre.

Leur esprit général est que les hostilités doivent être le plus humaines possible, et ne pas commencer en trahison, sans avertissement préalable non équivoque, soit sous la forme d'une déclaration de guerre motivée, soit sous celle d'un ultimatum avec déclaration de guerre conditionnelle.

C'est là un progrès très sérieux.

Notons quelques traits relatifs aux hostilités.

Il est interdit d'employer du poison ou des armes empoisonnées, de tuer ou de blesser par trahison des individus ennemis, de tuer ou de blesser un ennemi sans armes ou qui s'est rendu à discrétion ;

De déclarer qu'il ne sera pas fait de quartier, d'employer des armes, etc..... propres à causer des maux superflus ;

De saisir ou de détruire des propriétés ennemies, sauf nécessité de guerre.

Il est interdit d'attaquer ou de bombarder des villes, villages, etc..... non défendus, et, dans les sièges, autant que possible, les monuments consacrés aux arts, aux sciences ou à la bienfaisance, etc.

En cas d'occupation militaire d'un territoire, l'honneur, la vie des familles ainsi que des individus, les propriétés privées doivent être respectés.

Les dispositions relatives aux neutres sont également sages et généreuses. C'est là une question de la plus haute importance. Il est de droit étroit que si les belligérants sont assez insensés pour s'entretuer et se nuire réciproquement, les neutres, plus raisonnables, ne soient pas victimes de cette folie, et soient pleinement protégés, dans leurs biens et dans leurs personnes. C'est à quoi visent les articles qui les concernent.

Il semble que, dans cette partie des Conventions, la Conférence se soit souvent inspirée des travaux judicieux et approfondis de M. de Montluc, sur la matière. Un progrès ardemment souhaité et réclamé depuis longtemps, par d'excellents esprits, a été là, au moins théoriquement, réalisé. La guerre évitera donc de vaines, cruelles et injustes destructions.

De la sixième à la onzième Convention inclusivement, il est question de la guerre maritime.

On y applique les principes humanitaires de la guerre terrestre, dont on a cité plus haut les plus essentiels.

Signalons les articles sur les mines automatiques de contact.

Ces mines ne doivent pas être un danger pour la navigation des neutres, et les belligérants ont l'obligation de les relever après la fin des hostilités.

La douzième Convention a trait à l'établissement d'une Cour internationale des prises.

En voici les articles les plus caractéristiques :

Art. 1. — La validité de la capture d'un navire de commerce ou de sa cargaison est, s'il s'agit de propriétés neutres ou ennemies, établie devant une juridiction des prises, conformément à la présente Convention.

Art. 3. — Les décisions des tribunaux de prises nationaux peuvent être l'objet d'un recours devant la Cour internationale des prises.

Art. 10.— La Cour internationale des prises se compose de juges et de juges suppléants, nommés par les Puissances contractantes, et qui tous devront être des jurisconsultes d'une compétence reconnue dans les questions de droit international maritime et jouissant de la plus haute considération morale.

La treizième Convention concerne les droits et les devoirs des Puissances neutres, en cas de guerre maritime. Elle est fort libérale, et se préoccupe d'éviter d'inutiles ruines.

En voici l'article premier :

Art. 1. — Les belligérants sont tenus de respecter les droits Souverains des Puissances neutres et de s'abstenir, dans le territoire ou les eaux neutres, de tous actes qui constitueraient de la part des Puissances qui les tolèreraient un manquement à leur neutralité.

La quatorzième et dernière Convention est relative à l'interdiction de lancer des projectiles et des explosifs du haut des ballons

La deuxième Conférence de la Haye en a prévu une troisième qui se tiendra huit ans au plus tard après sa devancière. Elle a émis le vœu que chacune des Puissances contractantes s'y prépare par l'étude des questions à y soumettre.

La guerre rendue moins horrible, l'arbitrage recommandé, la Cour permanente d'arbitrage de la Haye maintenue et fortifiée, une nouvelle institution internationale créée : la Cour des prises maritimes, les droits des neutres sauvegardés, un pas esquissé dans la voie du désarmement et de l'arbitrage obligatoire : tels sont les résultats de la deuxième Conférence. Souhaitons que la troisième se réunisse bientôt, et aboutisse au désarmement général progressif ainsi qu'à l'obligation de l'arbitrage pour les peuples qui y prendront part.

De nouveaux traités d'arbitrage ont été signés par certaines Puissances, depuis la clôture des travaux de la deuxième Conférence de La Haye ; d'autres ont été ratifiés par le Sénat des Etats-Unis. On en compte en tout, en juin 1908, environ soixante-dix.

CHAPITRE III

Les organes pacifistes.

Les deux chapitres précédents montrent quel est, actuellement, le caractère du pacifisme, si nous considérons, non plus seulement la théorie, mais les faits.

Il s'occupe, d'une part, de régler la guerre, de manière à la faire moins inique et moins affreuse, jusqu'à ce qu'il puisse la supprimer complètement ; d'autre part, et surtout, d'y substituer l'arbitrage obligatoire pour les nations en litige. Jusqu'à présent, cet arbitrage n'a pas été établi par les puissances, bien que recommandé par elles. Beaucoup de Gouvernements ont cependant conclu des traités de cette nature, mais presque tous avec plus ou moins de restrictions : ils gardent souvent la faculté de se soustraire à leur effet. La plupart d'entre eux, par exemple, n'admettent pas qu'un arbitrage décide de questions vitales pour eux ou intéressant leur honneur.

Malgré cette réserve, la définition la plus exacte du pacifisme actuel est celle de M. Emile Arnaud :

« C'est, dit-il, la substitution, entre les peuples contractants, pour un temps donné, d'un lien de droit, d'un état juridique, à l'état de guerre ou de trêve armée, à l'état d'anarchie qui les régissait précédemment. »

Le même auteur en donne une seconde, semblable quant à l'esprit, mais formulée en d'autres termes.

« Le pacifisme, exprime-t-elle, se propose de mettre les peuples à l'abri de la force par une organisation scientifique et juridique des États, qui permette la suppression de la guerre et la solution par le droit des différends internationaux. »

Voilà la doctrine. Quels sont les moyens de l'appliquer actuellement ? En d'autres termes, quels sont les organes du pacifisme ? Il en est d'officiels ; il en est de semi-officiels ; il en est de libres.

Parmi les premiers, nous avons d'abord les Conférences de la Haye, dont il vient d'être trop longuement parlé, pour qu'il soit nécessaire de rien ajouter à leur sujet.

Le deuxième organe officiel du pacifisme est la Cour permanente d'arbitrage, créée par la Convention signée à l'issue de la première Conférence, confirmée par la seconde. Elle a pour objet de régler les litiges internationaux qui lui seront soumis. Son siège est à La Haye (Prinsegracht 71). Son Conseil d'administration a, pour membres, les représentants diplomatiques des puissances signataires, accrédités à La Haye, et, pour président, le Ministre des Affaires Etrangères des Pays-Bas. Font partie de la Cour les délégués des Puissances, anciens Ministres, Conseillers intimes des souverains, ambassadeurs, docteurs en droit et jurisconsultes éminents.

Une troisième création a été décidée par la seconde Conférence : la Cour internationale des prises maritimes. Ce Tribunal sera composé de quinze membres délégués des Puissances, choisis parmi les spécialistes en droit maritime international, jouissant d'une autorité morale reconnue. Cette Cour jugera la légitimité des prises de navires, durant les hostilités, lorsqu'on lui en soumettra l'examen, soit en première instance, soit en appel.

De nombreuses nations ont adhéré à cette institution, et d'autres peuvent le faire jusqu'au 30 juin 1908.

Il existe, depuis le 1er janvier 1904, un institut Nobel norvégien. Son objet est de se tenir au courant des relations existant entre les divers peuples et principalement des efforts pacifistes faits dans cette direction. Il doit, en effet, donner son préavis au Comité pour l'attribution des prix de la Paix. Il travaillera aussi à rapprocher les nations et à établir entre elles la Justice et la bienveillance. Des professeurs de droit en font surtout partie.

En 1897, a été créé le prix Nobel de la Paix. Le Comité qui est chargé d'en désigner le lauréat ou les lauréats siège à Christiania (Drammensvai 19). Il a, pour président, le Ministre des Affaires Etrangères de Norvège ; pour membres, deux anciens présidents du Lagthing et un président du Storthing, enfin, le grand écrivain Bjoernstjorne Bjoernson. Deux députés et un professeur de droit en sont membres suppléants. Ils ont pour mission de décerner annuellement le prix Nobel de la Paix, dont la valeur variable a été jusqu'ici toujours approximativement de 200.000 francs, à « celui qui aura fait le plus ou « le mieux pour l'œuvre de la fraternité des peuples, « pour la suppression ou la réduction des armées « permanentes ainsi que pour la formation et la « propagation des Congrès de la Paix. »

Les candidats à ce prix sont désignés par les Gouvernements, par les membres du Comité Nobel, par ceux de la Cour permanente d'arbitrage ou ceux du Bureau international de La Haye, par ceux de l'Institut de Droit International, par les professeurs de droit et de science politique, d'histoire et de philosophie dans les universités, par les lauréats antérieurs du prix Nobel de la Paix.

Ce prix a été souvent partagé. Citons, parmi ceux qui l'ont obtenu, MM. Cremer, Dunant, Frédéric Passy, Elie Ducommun, Renault, Moneta, Roosevelt et Mme la baronne de Suttner.

Des institutions peuvent l'obtenir ; l'Institut de droit international se le vit décerner en 1904, et le Bureau internatianal de la Paix y aspire justement. Il s'en servirait très utilement pour la progagande de la cause qui est également chère à lui et à l'Institut norvégien.

Cet institut et le Comité du Prix Nobel ont, auprès de l'Europe, un caractère officiel moins nettement marqué peut-être que les Conférences ou les deux Cours de La Haye, mais un caractère officiel toutefois. L'Union interparlementaire, créée en 1899, est encore un des organes du Pacifisme, moins réellement officiel. Elle se compose des membres volontaires de divers parlements. Elle a pour but de soutenir le principe de l'arbitrage international. Ceux qui en font partie s'engagent à proposer à la tribune des assemblées politiques où ils siègent, des mesures propres à améliorer les relations entre peuples. La plupart des États constitutionnels de l'Europe ainsi que les États-Unis ont des adhérents à l'Union interparlementaire.

Celle-ci a, pour organe exécutif, le Bureau interparlementaire de Berne, fondé en 1892, dont l'administrateur est M. Gobat, conseiller national à Berne (Suisse).

Il existe enfin un groupe parlementaire français de l'arbitrage international. Créé en 1903, avec un programme que son titre indique suffisamment, il comprenait, au 31 juillet 1906, 420 membres. Son Bureau comptait les personnages les plus illustres, entre autres le grand chimiste Berthelot. Son président actuel est M. le baron d'Estournelles de Constant, Sénateur (78 bis, avenue Henri-Martin, Paris XVIe).

L'organe le plus essentiel du pacifisme est, cependant, une institution libre : le Bureau international permanent de la Paix, siégeant à Berne, Kanonenweg 12, et ayant, à Washington, une succursale américaine. Ce bureau a été établi par le 3e Congrès universel de la Paix, à Rome, le 13 novembre 1891.

La société du Bureau se compose d'institutions, d'associations et de membres individuels. Il suffit, pour en faire partie, d'une simple déclaration auprès de la commission d'adhésion aux statuts.

Elle a pour buts principaux :

De renseigner, sur les questions relatives à la propagande et à la défense des idées communes, tous les pacifistes avérés, isolés ou en groupes, et de faciliter leurs relations ;

D'assurer l'étude et la préparation des questions à soumettre aux Congrès de la Paix et autres réunions internationales ;

D'exécuter les décisions de ces réunions ;

De classer et de conserver dans les archives les pièces pacifistes qu'on lui confie ;

De constituer une bibliothèque pacifiste, formée de livres et de journaux ;

De recueillir les jugements d'arbitrage international et de créer une sorte de jurisprudence en cette matière.

La Société a, à sa tête, une commission de trente-cinq membres, nommée annuellement par l'assemblée générale.

Les membres de la Commission ont compté et comptent les plus éminents apôtres du Pacifisme, nationaux de tous les pays civilisés. Plusieurs d'entre eux ont obtenu le prix Nobel. Pas un n'est obscur. Citons parmi les plus connus de ceux qui en ont fait ou en font partie:

Le regretté M. Hodgson Pratt, anglais, dont le grand âge n'avait pas affaibli l'ardeur pacifiste ;

M. Bajer, norvégien, auteur de nombreuses propositions pacifistes, orateur des Congrès de la paix, président d'honneur ;

Mme la baronne de Suttner, l'infatigable conférencière ;

M. Elie Ducommun, dont la mort inattendue, en pleine

activité, fut, en 1906, un grand deuil pour la Société du Bureau international de la paix, dont il était le si dévoué secrétaire ;

M. Gobat, conseiller national à Berne, chargé de la haute direction du Bureau international de la Paix ;

M. Emile Arnaud, le propagandiste si vaillant et si éloquent, combattant par la plume et par la parole ;

M. Henri La Fontaine, sénateur à Bruxelles, savant jurisconsulte ; président actuel ;

M. Gaston Moch, qui est toujours sur la brèche ;

M. Monéta, italien, lauréat récent du prix Nobel, ainsi récompensé d'une longue vie toute de dévouement à la Cause ;

M. Félix Moscheles, anglais, dont l'âge n'a pas refroidi la passion généreuse, émoussé l'humour, diminué la puissance dialectique ;

M. Frédéric Passy, qui, à quatre-vingt-cinq ans, ne songe pas au repos, sachant combien sa chaude parole, animée par sa profonde conviction, est indispensable au pacifisme ;

M. Novicow, russe, dont les articles si étudiés et si justes, sont, contre la guerre, de si redoutables réquisitoires.

Nous sommes obligé d'en passer. Mais il n'en est pas un qui ne fût un vaillant chef de parti.

Le Bureau international de Berne prépare les Congrès de la Paix, qui se tiennent tous les ans, dans un des grands centre de la civilisation. Ils sont le rendez-vous des principaux pacifistes. Le dernier a eu lieu à Londres ; les précédents avaient eu pour sièges Munich et Milan. Ils se font généralement en été.

On y discute les questions relatives à la guerre, à l'établissement de la paix universelle. Les sujets de débats y sont donc le droit et l'arbitrage internationaux, les armées permanentes et le désarmement, les moyens de créer de nouveaux liens entre les peuples civilisés, l'éducation à donner aux enfants, pour préparer l'ère de la fraternité mondiale. On y étudie les problèmes qui seront soumis aux Conférences de la Haye ; on y expose et on y discute les solutions que celles-ci ont adoptées. On en facilite le travail et on l'apprécie. On envisage aussi les façons les plus avantageuses de répandre les doctrines du parti, dans les divers milieux universitaires, religieux, philosophiques, ouvriers.

Ces congrès sont nécessaires ; ils arrêtent, chaque année, le mot d'ordre à transmettre à tous les ennemis de la guerre, et resserrent les liens d'amitié entre les apôtres de la paix.

Sans doute, on n'y peut approfondir tout ce qu'on y examine : les objets n'y demeurant pas assez longtemps sous le regard. Mais on y montre ce qu'il faudra étudier ou ce qui a été définitivement acquis : on y prépare des résultats ou l'on en constate. Il n'en va pas autrement dans les congrès de toutes les sortes.

La presse du monde entier donne des comptes rendus de ce qui s'y fait, et les questions qu'on y voit, passent, pour quelque temps, au grand jour de l'actualité. Le pacifisme affirme ainsi qu'il vit et qu'il prospère.

D'autre part, la vue d'une ville nouvelle, appartenant, chaque fois, à un État différent, est une excellente leçon de chose. Ce spectacle permet de mieux comprendre comment les peuples civilisés ont, à côté de caractères distinctifs, des traits et des intérêts semblables. Et le pittoresque des sites environnant les lieux des Congrès, en même temps qu'il est une joie pour les âmes artistes, explique et justifie les patriotismes, tout autant que les richesses agricoles et industrielles des divers pays.

Parmi les autres institutions favorables à la cause du pacifisme, mentionnons l'Institut de droit international, fondé à Gand, le 12 septembre 1873. Son titre dit son but.

La fondation Jean de Bloch (1902) au capital primitif de 50.000 roubles, légués par son parrain, a pour objet « de provoquer des conférences et des

« publications, sur les conditions et les conséquences « morales, économiques et sociales de la guerre moderne. » Elle est gérée par le Comité du Bureau international de la Paix.

En 1902, M. Jean de Bloch a aussi établi, à Lucerne, un Musée International de la Guerre et de la Paix, pour donner un enseignement pacifique concret. Le directeur en est M. Zimmermann.

L'Institut International de la Paix, à Monaco, a un Musée-Bibliothèque de la Paix, qui réunit les caractères de la bibliothèque jointe au Bureau international de Berne, et du Musée de Lucerne. Son Bureau comprend nombre d'apôtres pacifistes, déjà cités, à propos d'autre créations contre la guerre. Nommons, avec M. Louis Pichot, son président, MM. Emile Arnaud, Novicow, Passy, Richet, Mme la baronne de Suttner.

Tels sont les organes généraux du mouvement pacifiste. C'en est le corps d'armée central.

Il y a, en plus, dans chaque pays, des Sociétés de la Paix, qui s'attachent à y faire triompher leurs principes. Plus de quatre-vingts sont inscrites dans la liste qu'en a publiée le Bureau international de Berne. Beaucoup d'entre elles ont de multiples sections. Il en est une qui mérite une mention spéciale, c'est la Ligue internationale de la Paix et de la Liberté. Elle est la plus ancienne, une des plus puissantes, une des plus actives. Nous avons déjà montré son œuvre. Son président est M. Emile Arnaud. Elle a des sections en France, où est son siège, en Suisse et en Espagne.

Tous les pays civilisés ont des sociétés de la Paix. Le pacifisme n'est donc pas le monopole de l'un d'eux. Aucun ne risque, par conséquent, d'être dupe, comme on l'a prétendu, en combattant la guerre. D'ailleurs, il serait plus honorable pour une nation d'être la première que la dernière pacifique, c'est-à-dire sage.

Deux cents sociétés environ, dont le but principal n'est pas de servir la cause pacifiste, des universités populaires, des groupes d'éducation, des amicales, des bourses du travail, des coopératives, des loges maçonniques, ont cependant envoyé leur adhésion au Bureau international de Berne. Ce sont donc, pour celui-ci, de précieuses alliées.

Ces sociétés pacifistes ou alliées agissent sur l'opinion, par leurs conférences, par leurs publications ou par les travaux individuels de leurs membres (1). Il est, dans tous les pays, des journaux ou revues exclusivement pacifistes. Il ne serait ni utile, ni possible de les désigner tous ici. Les deux principaux sont : la *Correspondance Pacifiste bi-mensuelle*, qui est la feuille du Bureau international de Berne, et les *États-Unis d'Europe mensuels*, organe de la Ligue Internationale de la Paix et de la Liberté, à Berne. L'un et l'autre de ces périodiques tiennent au courant de toutes les nouvelles concernant le pacifisme. Il est souhaitable que chaque pays ait, en sa langue, ses journaux, armes contre la guerre, et il en est ainsi. Toutefois, il vaudrait peut-être mieux que chacun des États civilisés n'ait qu'une de ces publications, qui réunît la clientèle de toutes celles qui y existent actuellement. Cette revue unique pourrait être plus copieuse et plus intéressante. On aurait d'ailleurs, moins qu'aujourd'hui, de dépenses à faire, en temps et en argent, pour les lire toutes. Et pourquoi n'y aurait-il pas aussi, à Berne, une seule *Revue Centrale de la Paix*, avec une édition spéciale, en chacune des langues répandues, et une, en espéranto, commune à toutes les nations ? Le parti pacifiste n'en acquerrait-il pas plus d'unité, et, par cela même, plus de puissance ? Il est évident que l'on ne doit pas soumettre tous les ennemis de la guerre à un seul catéchisme orthodoxe. Il faut qu'une doctrine

(1) La Bibliothèque pacifiste compte près de 2.500 ouvrages.

de progrès soit une doctrine de libre discussion, et les journaux, qu'on propose ici de fondre, devraient être des lices courtoises, où des esprits, également ennemis de la guerre, viendraient se mesurer, champions parfois d'idées différentes. C'est ainsi que le progrès s'établit. Le Pacifisme n'est le monopole de personne. Ses conquêtes sont le profit de tous, de ceux qui le soutiennent et de ceux qui luttent contre lui.

Il est nécessaire que l'on conquière aussi, dans les journaux politiques et les diverses revues, en tout pays, une place aux doctrines pacifistes. Déjà celles-ci en ont obtenu une, dans un certain nombre d'entre eux. Mais elles ne sauraient trop se faire accueillir par la presse qu'elles n'ont pas ralliée. Là, elles s'adressent souvent à leurs adversaires. Dans les publications qui leur sont acquises, elles ne sont exposées qu'à leurs amis. Elles n'y convaincront pas des convaincus ; elles les affermiront seulement dans leur foi. Elles maintiendront leurs victoires ; elles ne les étendront point. Aussi, leur faut-il peu de journaux pacifistes et beaucoup de journaux qui ne le soient pas encore, mais qui, de bonne foi, consentent à les examiner, à les discuter et à les présenter à l'examen des lecteurs de ces feuilles. Ce sont eux qui multiplieront les ennemis de la guerre.

CHAPITRE IV

Les avantages du pacifisme.

Des pages précédentes, il ressort que, tandis que certains États puissants, même partisans de l'arbitrage, s'y refusent, quand leurs intérêts vitaux ou leur honneur sont en cause, les théoriciens du pacifisme n'admettent pas ces deux réserves. Quels sont les arguments de ceux-ci ? Nous examinerons après les avantages de l'arbitrage, surtout s'il est intégral, mais même, s'il ne l'est pas, s'il comporte les deux restrictions signalées.

Les Gouvernements, qui repoussent toute médiation, dans les litiges graves, comme attentatoire à leur indépendance, se font une fausse idée de leur souveraineté ou plutôt de leur autonomie.

« Celle-ci consiste, faisait très justement remar-« quer, à l'assemblée générale de la Ligue interna-« tionale de la Paix, le rapport de son comité central, « non à ne connaître d'autre limite à ses entreprises « que l'étendue de sa puissance, mais à n'avoir de « maîtres ni de juges sinon ceux qu'on aura choisis « ou acceptés ».

Une telle conception de l'autonomie des nations, conception toute moderne, s'allie avec l'idée de l'arbitrage permanent entre peuples, sans aucune exception. Une seule question ne peut être posée aux arbitres :

« Telle ou telle des parties en litige a-t-elle droit à son autonomie ? »

Il y est, en effet, répondu, une fois pour toutes, dans les principes de M. Lemonnier, que nous avons cités, et particulièrement dans cet article :

Art. 2. — Les peuples s'appartiennent à eux-mêmes.... Ce droit est inaliénable et imprescriptible. Nul peuple ne peut légitimement disposer d'un autre peuple par annexion ni de quelque autre façon que ce soit.

D'autres arguments très forts s'opposent à ce qu'on exclue de l'arbitrage les deux cas qu'on en veut écarter. Peut-on d'abord les distinguer aisément ? Un pays belliqueux et puissant trouvera toujours que son honneur est offensé, dans la moindre atteinte d'un autre pays, dans une atteinte imaginaire même. Quiconque a lu les *Provinciales* sait que les Jésuites excusaient le meurtre comme châtiment, pour le vol d'une simple pomme. La personne lésée avait seulement à considérer que son honneur lui défendait de se laisser dépouiller de sa moindre propriété.

Les nations redoutables, surtout aux mains d'autocrates, jugeront toujours que leur honneur leur commande d'envahir la contrée qui excitera leur convoitise, surtout si elle appartient à un peuple faible. Il y aura assez de diplomatie jésuitique pour les en justifier.

Quant aux intérêts vitaux, quels sont-ils ? S'agit-il de l'acquisition de provinces formant de bonnes frontières ? Les États, qui ont vécu jusque-là sans ces territoires, peuvent vraisemblablement s'en passer. Et d'ailleurs, la guerre leur permettrait-elle de les acquérir, en violation du droit, contre le vœu de ceux qui les habitent, contre l'autorité morale des civilisés, soucieux d'équilibre mondial ? Et si cette acquisition est de droit, consentie par les intéressés, conforme au bien général des nations éclairées : l'arbitrage ne l'accorderait-il pas plus sûrement ?

S'agit-il, au contraire, non d'un pays conquérant mais d'un pays en danger d'être conquis, non d'un peuple menaçant mais d'un peuple menacé ? Celui-ci veut-il se battre pour vivre encore, tandis qu'un autre entend l'anéantir ? Il semble, en effet, que, par « intérêts vitaux » on ne peut désigner que ceux dont la vie dépend. Mais, depuis trois cents ans, au moins, un seul grand État d'Europe a perdu son autonomie : la Pologne. Une nation civilisée ne soumet plus aujourd'hui une nation civilisée. Tout au plus, et rarement, nous l'avons vu, elle en prend quelque province. Encore est-elle obligée d'accorder aux assujettis les lois dont elle jouit elle-même. Elle révolte la conscience générale ; elle inquiète l'équilibre mondial ; elle se met en péril : une coalition peut se former contre elle, pour ce maigre résultat.

Mais supprimât-elle l'indépendance de tout une contrée, elle ne détruirait pas le peuple qu'elle vaincrait complètement. La Pologne a été anéantie, le Polonais est demeuré. Il a même, plus qu'avant d'être asservi, le sentiment de sa nationalité. La vie de la Prusse, de l'Autriche, démembrées par Napoléon, ne fut pas mortellement atteinte. Ces pays mutilés furent encore la Prusse, l'Autriche. Chacun d'eux s'aima plus, se pénétra davantage de son individualité. La conquête les révéla à eux-mêmes et au monde.

Il n'y a donc pas de peuple civilisé qui puisse mettre en péril l'existence d'un autre peuple civilisé, si celui-ci a réellement sa physionomie distincte, et tient à la conserver. On ne tue que les groupes mal fondus d'êtres humains, ceux qui ne forment pas, à proprement parler, de nations ; qui, faits d'éléments hétérogènes, n'ont pas eu d'existence patriotique, ne sont pas nés viables.

La vie d'un peuple ne dépend donc jamais d'un autre peuple : tout au plus, est-ce son indépendance qui peut être menacée. C'est certes assez pour qu'il lutte jusqu'à la mort, afin de ne pas subir un maître, s'il n'a pas d'autre moyen plus sûr d'échapper au joug. Mais l'intérêt qu'il défend ainsi est appelé improprement intérêt vital, et il n'en est pas d'autre plus grave, et il n'en est pas d'autre si grave, qu'on qualifie justement par ce terme.

Quant à l'honneur d'une nation, s'il n'est pas un vain mot, il ne peut être compromis que par elle-même. Elle le met en péril, si elle n'agit pas comme elle le devrait, si elle manque de raison et de probité. Elle le souille, en particulier, si elle se jette brutalement sur une autre, plus faible, au lieu de faire juger les torts qu'elle lui attribue, par l'impartialité d'un tribunal arbitral.

Les petits peuples, d'ailleurs, n'ont pas habituellement prétendu se soustraire au verdict d'arbitres, dans leurs désaccords avec des puissances militaires redoutables, en invoquant l'intérêt de leur honneur ou de leur vie. Ils avaient cependant un honneur aussi délicat que leurs adversaires, et souvent une vie propre plus intense. Les États qui recourent à de tels prétextes pour en appeler aux armes, témoignent qu'ils ont plus de confiance dans la force de leurs soldats que dans celle de leurs droits.

Mais fût-il vrai que, dans un litige entre deux peuples, l'honneur ou l'existence de l'un d'eux, ou de tous les deux, courût des risques, ce ne serait pas une raison pour que le jugement de ce désaccord profond ne fût pas soumis à l'arbitrage. Bien au contraire, ce serait une raison essentielle pour qu'on le lui confiât. Quoi donc! dans les petits conflits internationaux, il serait efficace, et il serait impuissant, dans les conflits capitaux. C'est, quand il s'agit d'intérêts importants, ou de la vie ou de l'honneur, que, dans les litiges entre particuliers, on en appelle aux tribunaux. Les nations auraient-elles une autre sagesse?

Vouloir écarter du jugement arbitral les objets

de querelle les plus graves, c'est vouloir en écarter ceux qui, le plus souvent, engendrent les guerres. C'est le rendre à peu près inutile. Et justement, c'est quand il y va de l'honneur ou de la vie d'un peuple, ou de deux peuples, qu'il ne faut pas s'en remettre aux hasards des batailles, mais à la sécurité des droits. C'est alors que les arbitres, défenseurs de l'autonomie des nations et de l'équilibre européen ou mondial, ne permettront pas que l'un des deux litigants soit trop abaissé devant l'autre, ou lui soit immolé.

On. voit donc que les deux réserves faites dans beaucoup de traités d'arbitrage ne sont pas fondées. Aussi est-il permis de les considérer comme appelées à disparaître prochainement. C'est alors que l'arbitrage présentera surtout tous ses avantages sur la guerre, comme moyen de supprimer les désaccords entre nations. La guerre est cruelle : l'arbitrage résout les litiges sans mort ni blessure. Elle est ruineuse : il coûtera infiniment peu, en regard des éminents services qu'il rendra. Les magistrats qu'il exige, les frais de justice, seront toujours un poids insignifiant dans le budget des États. Et il n'entraînera jamais de destructions. La guerre est aléatoire ; elle termine rarement les conflits d'intérêts ; semence, au contraire, de haines et de nouvelles luttes sanglantes : l'arbitrage prononcera, le plus souvent, une sentence définitive, règlera une fois pour toutes les désaccords entre peuples, sans humiliation pour aucune des parties. Si, toutefois, par exception, renaissent les désaccords qu'il a voulu supprimer, il recommencera son office sans grand dommage. La guerre est inique ; le plus fort non le plus sage, ni le plus utile au monde, y triomphe : l'arbitrage est l'application, entre pays, des règles reconnues, dans l'intérieur de chaque État, les plus équitables entre les individus. Les arbitres, ce sont les juges de paix internationaux.

CHAPITRE V

Un grand reproche fait aux pacifistes.

« Les arbitres sont les juges de paix internatio-
« naux ! L'arbitrage prépare la mort de la guerre !
« Point du tout, ceux qui le préconisent, les pacifis-
« tes causeront ce qu'ils prétendent détruire. Ils
« amollissent les âmes, dans les pays où leur propa-
« gande est la plus active ; ils y prêchent l'abandon
« des défenses militaires ; ils y affaiblissent ainsi
« l'armée, seul gage de sécurité nationale, et ils y
« appellent l'étranger belliqueux. Les nations paci-
« fistes seront obligées de lutter, si elles ne se rési-
« gnent pas à l'esclavage sous un maître. Celui-ci
« aurait hésité à se jeter sur une nation virile, prête
« à combattre.

Il est bon de rappeler tout de suite que, dans ce siècle où les jalousies réciproques des grandes puissances sont si ardentes, aucun État de premier ordre n'oserait probablement s'emparer ainsi du sol appartenant à un peuple lâche. L'histoire contemporaine le prouve. Le ravisseur aurait tous les autres pays civilisés contre lui.

Mais n'invoquons pas cet argument ! Un peuple nombreux, capable de se défendre, et qui ne compterait, pour durer, que sur les rivalités des plus vaillants, serait réellement indigne de vivre. Nul ne doit se résigner à une existence tolérée et méprisée.

mais il lui faut exiger que les autres le reconnaissent comme une personne morale et l'estiment. C'est ce que soutiennent tous les vrais pacifistes. Ils n'amollissent point les âmes, dans les pays où ils sont le plus écoutés ; ils déclarent que, malheureusement, la guerre, affreux fléau, est toujours possible, et qu'il est nécessaire de s'y préparer. Ils n'entendent pas, d'ailleurs, qu'un peuple rallié à leurs idées désarme seul. Le militarisme doit cesser partout simultanément. Jusqu'au jour où tous les États auront compris les bienfaits de la paix permanente, les nations les plus ennemies de la guerre ont l'obligation impérieuse de se tenir sur une vigilante et vigoureuse défensive.

Voilà ce qu'ils prêchent, entre les limites de tous les pays civilisés, et par dessus toutes les frontières. Si leur théorie est raisonnable, il est injuste de les condamner, parce qu'ils s'en font les apôtres. Si elle est fausse, qu'on l'attaque en elle-même, non dans les effets fâcheux que, gratuitement, on lui suppose. Eux ne sont pas responsables, si l'on ne prête pas, chez tous les peuples dits éclairés, la même attention à leurs paroles. Ce sont ceux qui ne savent pas en reconnaître la sagesse, qui méritent d'être censurés. Eux font leur devoir d'hommes, en exprimant courageusement, devant l'humanité entière, ce qu'ils pensent être le vrai, ce qu'ils croient utile au bonheur du monde.

Oui, il serait plus fondé de prétendre que les partisans de la guerre la rendent inévitable. Ils excitent à la défiance pour l'étranger ; ils conseillent, dans leurs patries, d'augmenter sans cesse la force des armées. La défiance engendre la haine ; la haine engendre la querelle. Les troupes, toujours plus nombreuses, sont, d'autre part, un faix trop lourd, même pour les États les plus riches. Aussi, se demande-t-on si une guerre, suivie d'un désarmement imposé par le vainqueur, ne serait pas moins ruineuse que cette trêve armée, que cette trêve toujours plus armée. Les esprits belliqueux nous acculent donc, plus vraisemblablement que les pacifistes, si les nations veulent éviter la banqueroute, à une guerre qui, d'ailleurs, ne résoudrait rien.

Mais pourquoi répondre à leurs accusations par des accusations, fussent-elles, parfaitement justifiées ? Épargnons-les, et ne nous en prenons qu'à leurs théories, qui s'offrent, si aisément, à la censure la plus sévère.

TROISIÈME PARTIE

Ce qu'on propose encore contre la guerre

TROISIÈME PARTIE

Ce qu'on propose encore contre la guerre.

CHAPITRE PREMIER

Deux opinions pacifistes contradictoires.

— « La guerre est un terrible fléau, disent la plupart des pacifistes. Il faut, en attendant qu'on puisse la supprimer complètement, tout tenter pour lui enlever de son horreur. Elle coûtera toujours trop d'or et trop de sang. Que les Conférences de La Haye l'humanisent !

— « Rendez-la donc chevaleresque ! répliquent les autres pacifistes : les peuples ne la voyant plus sous sa figure épouvantable, s'en éloigneront avec moins d'énergie. Elle vivra davantage. »

La deuxième Conférence de La Haye a prononcé entre les deux opinions antagonistes. En protégeant les droits des neutres, les producteurs paisibles, les commerçants, en évitant des destructions et des souffrances inutiles, comme on l'a exposé plus haut, elle a donné raison au camp des premiers pacifistes, qui, d'ailleurs, l'ont inspirée.

Les amis de la paix, du second camp, n'ont qu'à s'incliner. Ils sont comme leurs contradicteurs du reste, trop les partisans de grandes assises internationales, pour remettre en discussion ce qu'ont décidé les représentants unis des peuples civilisés.

Cependant, on pourrait se demander si un pays ennemi de la guerre, respectueux du droit d'autrui, ayant dans un litige avec quelque État vainement proposé un arbitrage, se résignerait, voyant, au mépris de l'équité, son sol violé, à respecter toutes les règles des hostilités, posées à la deuxième Conférence de La Haye. Ne se défendrait-il pas par tous les moyens en son pouvoir ? Ne traiterait-il pas l'ennemi envahisseur, avec la férocité des Russes ou des Espagnols, à l'égard de la France, sous le premier Empire ? Ne mettrait-il pas à profit toutes les récentes inventions, les plus meurtrières ? Qui donc oserait l'en blâmer, surtout s'il était notoirement plus faible que son adversaire, et que celui-ci fût connu par sa violence et son iniquité ?

Les principes établis par la deuxième Conférence de La Haye paraissent bien s'appliquer à une sorte de lutte chevaleresque. Mais sommes-nous encore au temps de : « Messieurs les Anglais, tirez les premiers ! » où l'on se battait pour le roi de Prusse ? Quand les conflits armés sont si ruineux, et de résultats si incertains, il est permis de croire qu'on n'engagera pas les hostilités sans motif très grave. Et de pareilles guerres seront, probablement, sans merci. La défense se faisant, selon toute apparence, féroce par nécessité, l'attaque d'un ennemi, déjà brutal et injuste, n'aura que trop de penchant à devenir impitoyable.

Toutefois, si ces appréhensions ne sont pas fondées, si la guerre est, des deux côtés, moins cruelle que par le passé, si, progressivement même, elle s'humanise, elle arrivera insensiblement à ne plus être. Si, au contraire, elle est toujours de plus en plus habilement barbare, de plus en plus meurtrière, les nations finiront par la craindre tellement qu'ils y renonceront. Par l'une de ces deux voies opposées, l'on parviendra au même but : la mort de la guerre.

CHAPITRE II

La loi des nations

Le travail qui a valu, en 1906, le prix Narcisse Thibault à M. Duplessix, est tout à fait remarquable. Il représente, sans doute, le fruit des réflexions profondes de toute une vie. Il a pour titre la *Loi des Nations*, et forme un ouvrage, très volumineux, divisé en quatre parties.

Dans la première, l'auteur expose l'antinomie qui, dans chaque État, existe, entre le droit interne, fondé sur la raison, et le droit externe, sur la force. Il examine ensuite les moyens proposés jusqu'ici pour les concilier, pour la suppression de la conquête et de la guerre. Il déclare l'arbitrage insuffisant. Facultatif, il est inefficace. Obligatoire, ce n'est plus l'arbitrage, et d'ailleurs, jamais les gouvernements « n'accepteront de confier l'honneur et les intérêts « vitaux de leurs nations à des juges occasionnels. »

M. Duplessix en conclut que « pour que l'anarchie « dans laquelle vivent les nations prenne fin, au « point de vue de leurs rapports extérieurs », il faut que les peuples civilisés s'unissent ou se fédèrent, chacun conservant dans ses frontières son autonomie. Les peuples fédérés créeront une organisation internationale assez puissante pour remédier à l'état de choses actuel. Ils prépareront et adopteront d'abord une loi écrite, fixant le droit international public, en harmonie avec les meilleures législations internes. Une autorité internationale sera constituée, au moyen de délégués nommés par les nations composant la fédération ou union. Cette autorité comprendra les trois pouvoirs indispensables à toute autorité directrice : le pouvoir législatif, le pouvoir judiciaire et le pouvoir exécutif, aussi divisés que possible.

Une puissante force de police mondiale sera mise à la disposition du pouvoir exécutif international afin d'assurer l'observation de la loi commune et l'exécution des arrêts de justice.

Tous les peuples fédérés s'entendront pour alimenter un budget suffisant au bon fonctionnement de tous les services de l'Union.

Tel est le but à atteindre, d'après M. Duplessix. Dans la deuxième et la troisième partie de son ouvrage, il propose les moyens d'y parvenir.

Tout d'abord, une Conférence internationale de tous les États civilisés préparera la Constitution de la fédération.

Les États seront représentés à cette Conférence par des délégués spéciaux, à raison de un par dix millions d'habitants, pour chacun d'eux, sans que le nombre de ces délégués puisse dépasser trois, pour le même État.

Les États, dont la population est inférieure à trois millions d'habitants, pourront se réunir, pour nommer des délégués ayant voix délibérative à la Conférence, et, dans ce cas, le groupe qu'ils formeront aura droit à un délégué par dix millions d'habitants, sans pouvoir dépasser le maximum de trois délégués.

Les membres de la Conférence nommeront, en dehors d'eux, un comité de juristes, ayant une connaissance approfondie du droit international. Ce Comité sera chargé de procéder, sous leur direction, à l'élaboration et à la rédaction du projet de code international.

La Conférence est chargée d'établir :

1° Un projet de Code de droit international public, applicable à toutes les nations ;

2° Un projet d'organisation d'une autorité internationale, destinée à présider aux rapports externes des peuples, et munie des pouvoirs législatifs, exécutifs et judiciaires, utiles pour assurer son bon fonctionnement ;

3° Un projet de traité international, aux termes duquel tous les États civilisés formeraient une Union.

L'Assemblée des membres de la Conférence, sera une Constituante, transitoire par conséquent. Elle se séparera, après l'adoption des projets préparés par elle.

Quel sera le traité international constituant l'Union des États civilisés ?

En voici les dispositions essentielles :

Les États se lient pour dix ans, adoptent intégralement le projet de Code de droit international public, préparé par la Conférence, et créent une autorité internationale, composée de trois assemblées distinctes : une assemblée législative, un Comité exécutif, une Cour de justice.

Les principes, pour la nomination dans chacune de ces assemblées, sont les mêmes que pour la Constituante antérieure. Chacune d'elles sera donc composée du nombre de membres qu'avait celle-ci, et toutes trois compteront autant de délégués, tous élus pour trois ans, et renouvelables par tiers.

L'assemblée législative a pour mission :

1° D'établir des règlements administratifs, destinés à fixer les détails d'application des lois internationales ;

2° D'apporter aux lois, en matière de droit international public, toutes additions et toutes modifications ;

3° De préparer et modifier toutes lois en matière de droit international privé ;

4° D'interpréter tous textes des lois internationales, quand ces interprétations lui sont demandées, sans aucune application à des faits spéciaux.

Le Comité exécutif, qui constitue le Gouvernement de l'Union, a, parmi ses pouvoirs, ceux de :

Représenter l'Union vis-à-vis de tous les États ;

Posséder, en même temps que chaque État dépendant de l'Union, l'initiative des lois internationales ;

Diriger les intérêts financiers de l'Union ;

Transmettre à l'Assemblée législative et à la Cour de justice, les travaux qui leur incombent ;

Veiller à l'observation, par tous les États, de la loi commune, du traité international ;

Assurer l'exécution des arrêts que rendra la Cour de justice, en matière de droit international public ;

Appliquer les sanctions prononcées par la Cour.

La Cour de justice possède les attributions principales suivantes :

Elle juge les différends entre États, entre États et particuliers ;

Elle peut, en certains cas, apprécier si un État ou un particulier a violé ou non la loi commune et le frapper d'une sanction ;

Elle peut juger des différends portant sur le droit international privé, dans un cas prévu.

Les sanctions qu'elle a le droit de prononcer sont : l'avertissement, la censure, la restitution, des réparations morales, des réparations pécuniaires, la confiscation, la saisie et l'aliénation forcée, la contrainte au respect de la loi commune et à l'exécution des arrêts de la Cour de justice, par l'emploi de la force armée.

L'Union possède, en effet, une force militaire convenable : flotte et armée de terre, alimentée et payée par les États fédérés, chacun d'eux fournissant en hommes et en argent, une contribution déterminée, et variant suivant ses ressources financières et sa population.

Ces forces, qui assureront l'exécution des arrêts prononcés par la Cour de justice, serviront principalement à sauvegarder les droits d'autonomie de chacun des États de l'Union.

Ceux-ci s'engagent à n'instruire et à n'entretenir que les contingents militaires qu'ils doivent fournir à l'Union, et les forces de police nécessaires au maintien de l'ordre et de l'autorité gouvernementale sur leurs territoires.

Les forces de police sont formées d'hommes faisant leur carrière de cette position, pourvus seulement d'armes à courte portée et d'armes blanches.

Les États fédérés s'engagent à imposer, même par la force, à toutes les nations étrangères à l'Union, l'obligation de n'avoir que des troupes de police, en même proportion qu'eux-mêmes.

La quatrième partie de la *Loi des Nations* est un Code de droit international très complet. L'auteur n'a pas la prétention d'avoir écrit la loi définitive des peuples. Il l'offre à la Constituante de l'Union comme simple base de discussion.

CHAPITRE III

Une autre théorie pacifiste.

Les États-Unis d'Europe et M. Lemonnier pensent, comme M. Duplessix et beaucoup de pacifistes, que des traités d'arbitrage permanent, obligatoire, sans réserve, vraiment efficaces, seront difficilement conclus par tous les États civilisés du monde actuel. Mais M. Lemonnier croit qu'il n'en irait pas de même, si tous les peuples étaient réellement libres, formaient soit des républiques démocratiques, soit des monarchies franchement constitutionnelles, comme l'Angleterre. Alors l'arbitrage pourrait tout à fait supprimer la guerre.

Mais, dans ce cas, disent beaucoup de pacifistes, et c'est un des articles du programme que portent en manchette les États-Unis d'Europe, au nom significatif : pourquoi n'établir, entre les nations civilisées et libres, que l'unique lien de traités d'arbitrage ? pourquoi ne pas aller jusqu'à leur fédération ?

Et nous retrouvons là la conception de M. Duplessix.

Mais, immédiatement M. Duplessix et les pacifistes dont nous parlons se séparent. Ils croient d'abord qu'avant cette fédération, il faudrait que les peuples, désireux de s'unir, établissent et formulassent certains principes généraux, sur lesquels ils tomberaient d'accord, bases de leurs lois nationales, bases de leurs lois fédérales. Avant de légiférer, la Révolution française exprima les Droits de l'homme. Il serait nécessaire que les États reconnussent tous, et appliquassent chez eux, au moins ceux de ces Droits auxquels est attachée la dignité humaine. Les États-Unis d'Europe les indiquent en manchette :

Autonomie de la personne ; suffrage universel ; liberté de penser, de parler, de publier, de se réunir, égalité des droits, etc...

D'accord sur ces principes nationaux, on s'entendrait ensuite sur les principes internationaux. On exprimerait les droits des nations, avant les lois des nations.

M. Lemonnier l'a fait, les États-Unis d'Europe les ont résumés aussi. Il n'y a point de conquête légitime ; les peuples doivent avoir leur parfaite autonomie, se traiter réciproquement en frères associés.

Les futurs fédérés admettraient, avant leur traité d'union, que chaque État est considéré comme établi définitivement dans les limites qu'il avait au moment de ce contrat. Toutefois, toute partie de pays sera toujours libre de demander à la Confédération l'autorisation de se séparer de l'État dont elle est, et de s'agglomérer à un autre. La Confédération ne pourra pas opposer un refus à l'examen de ce vœu. Il n'y souscrira cependant qu'après un scrutin universel, dans la partie du pays qui le présente, si le résultat du vote est conforme à la demande.

Cette réserve est indispensable, et répond à la seule critique forte, qu'en dernière analyse, M. Faguet fasse aux pacifistes. « Ceux-ci, dit-il, en s'engageant « à maintenir chaque pays dans les limites qu'il « aura, au moment de la Fédération des États-Unis « civilisés, promettent d'empêcher les injustices « futures, mais sanctionnent les injustices passées, « les rendent irréparables. »

Cette réserve permet cette réparation des iniquités

antérieures, beaucoup plus sûrement que le hasard de nouvelles guerres. Evidemment, il serait absurde de vouloir rendre chaque partie d'État, indéfiniment, à la nation qui l'a possédée, à une époque plus ou moins lointaine. L'Algérie a appartenu aux Turcs : faut-il la restituer aux Turcs ? mais les Turcs l'avaient prise aux Arabes ? faut-il la remettre aux Arabes ? Les Arabes eux-mêmes étaient des conquérants de cette contrée. Doit-on remonter jusqu'au commencement du Monde ? Non, il y a des provinces, il y a des contrées qui ont été pleinement assimilées par leurs vainqueurs, qui souffriraient de ne plus leur être associées : il serait cruel de les en séparer. Mais s'il en est d'autres qui languissent sous un joug, il est humain de les en détacher : il n'y a point de prescription contre le droit.

Les principes qui président aux lois des nations, une fois arrêtés, les peuples qui les auront adoptés se fédéreront. Ils nommeront une Constituante. Chacun d'eux représentant la même somme de droit, tout le droit, enverrait à peu près le même nombre de délégués, de trois à cinq, à cette assemblée ; sinon, si chaque pays y avait un nombre de députés proportionnel exactement à sa population, les petits seraient écrasés par les grands, peut-être ligués, et l'iniquité serait sanctionnée ainsi, sans même que l'héroïsme conservât l'espoir de la corriger dans une lutte sanglante.

Cette Constituante jugerait elle-même du Gouvernement qui conviendrait à la fédération, déciderait si trois assemblées y sont indispensables, et si la séparation des pouvoirs législatif, exécutif et judiciaire, peut-être nécessaire dans un État, le serait dans une fédération d'États. Elle créerait donc l'organe ou les organes de l'Union, et se prononcerait sur le mode d'élection des législateurs, des ministres et des juges de ce gouvernement international. Il serait désirable que ses membres fussent l'émanation directe des peuples fédérés, et non pas seulement des pouvoirs exécutifs de chacun des peuples unis. Bien entendu, on ne pourrait les choisir que s'ils présentaient toutes garanties de compétence et de moralité. Les législateurs de la fédération, tout au moins, sinon les ministres et les juges, seraient nommés de la même façon. Laissant chacun des pays qu'ils représenteraient se gouverner comme il le voudrait, faire, en toute indépendance, ses lois nationales, sous la seule réserve exprimée plus haut que celles-ci ne seraient pas attentatoires aux droits de l'homme, ces législateurs de la fédération établiraient toutes les lois réglant la vie internationale des États unis. Ainsi seraient évités bien des litiges. La guerre n'est souvent que la conséquence d'une longue et sourde rivalité entre nations. C'est la crise aiguë d'une maladie jusqu'alors latente. Une vie internationale bien réglée préviendrait ces états morbides, à la façon d'une sage hygiène. Il est peut-être des concurrences forcées entre peuples : mais, presque toujours, si les pays pouvaient discuter en commun leurs véritables intérêts, ils reconnaîtraient qu'ils sont naturellement, non ennemis mais solidaires. Sans doute, actuellement, ils ont, les uns chez les autres, des ambassadeurs, chargés de la haute mission qu'aurait la Législative fédérale. Mais ces diplomates ne sont que des fonctionnaires, entre les mains des gouvernements qui les ont nommés ; ils n'agissent pas ouvertement, de concert, au contraire, séparément, secrètement ; ils n'essayent pas de servir les intérêts collectifs des nations civilisées, ils s'efforcent de valoir des avantages particuliers à leurs seules patries, souvent au détriment du plus grand nombre de pays. Les législateurs fédéraux accompliraient plus complètement la besogne des ambassadeurs, mais dans l'intérêt de toute la fédération. Ils seraient entre les mains, non de quelques gouvernements, mais de la collectivité des peuples qui les auraient élus. En un mot, les conseils municipaux règlent la vie communale ; les conseils régionaux, la vie régionale ; les conseils nationaux, la vie nationale ; il y a aujourd'hui une vie internationale qui n'a pas son organe ; il le lui faut : la Législative fédérale.

Les États fédérés auraient, comme le demande M. Duplessix, et pour les mêmes objets, une formidable force armée : flotte et troupes de terre, mais chaque État se servirait, comme il l'entendrait, pour sa propre police, du contingent de soldats qu'il devrait fournir, à toute réquisition, à l'armée fédérale.

La fédération enfin n'exercerait aucune pression sur les États qui ne se seraient pas alliés à elle et ne les menacerait sous aucun prétexte. Elle tâcherait de se les attirer par les seuls avantages qu'elle leur offrirait.

CHAPITRE IV

Critique des deux projets précédents.

Le projet de M. Duplessix est peut-être applicable dans l'avenir. Toutefois, sans en faire une critique complète, la place manque ici, on peut trouver qu'il est trop précis. Il a l'air d'une armature rigide, qui convient peu à la souplesse et à la diversité de la vie. Pourquoi trois assemblées, également peuplées ? Pourquoi, juste, trois délégués au plus, par État ? Pourquoi une fixation si minutieuse de ce que devront faire des assemblées encore en rêve ? D'autre part, celles-ci procédant d'une même source, ne seront-elles pas rivales ? Le Président de la République française, en 1851, et la Législative, issus du suffrage universel, entrèrent en conflit. En revanche, chacune des assemblées réunissait des délégués qui seraient nommés d'une façon différente, — chaque État aurait toute latitude pour le choix de ses représentants — : comment tous posséderaient-ils le même prestige, les uns élus par tout un peuple peut-être, les autres, simples serviteurs, désignés par un autocrate ? Les législateurs feraient-ils uniquement un Code de droit international, plus exactement se borneraient-ils à l'amender, ou présideraient-ils à toute la vie internationale ? Pourquoi cette force fédérale, dans chaque pays, inutile presque toujours, et c'est souhaitable, et, à côté, cette force de police, insuffisamment armée? N'y aurait-il jamais conflit entre elles? Et alors, celle qui serait chargée d'assurer le respect des lois nationales se verrait vite abattue par celle qui ne protégerait que les lois internationales? Pourquoi, enfin cette contrainte, à l'égard des peuples étrangers à la fédération, de ne conserver que des forces de police? Si ces nations non alliées étaient peu nombreuses et peu redoutables, cette obligation tyrannique qu'on leur imposerait serait inutile. Si elles étaient aussi puissantes ou plus puissantes que la fédération : quelle guerre épouvantable en naîtrait! Il faut, semble-t-il, dans cette organisation de l'union des civilisés, apporter un plan plus simple et un esprit moins autoritaire. Il faut laisser au temps et à l'expérience le soin de compléter l'œuvre, et à la liberté, celui de la faire aimer.

Nous avons exposé les grands traits de la *Loi des Nations*, en laissant, autant que possible, la parole à son auteur même. Nous venons d'y joindre nos critiques sincères. Nous ajouterons loyalement que divers Congrès pacifistes et, entre autres, le Congrès universel de Londres, à l'unanimité, après quelque discussion, ont approuvé les idées de M. Duplessix. Il est vrai que celui-ci n'a soumis, à l'examen des pacifistes, que les principes essentiels de son projet non toutes leurs applications. Les principes relatifs à la création d'un triple organisme international : législatif, exécutif, judiciaire, sont excellents ; ce sont aussi les nôtres. Ce sont les applications multiples, précises, toutes prochaines de ces principes, contre lesquelles nous avons soulevé des objections, exprimant d'ailleurs ce qui est en notre créance non ce qui doit être cru.

Le second projet paraît moins offrir de prise à la censure, peut-être parce qu'il est moins précis. Mais ceux qui le présentent reconnaissent la critique fondamentale qu'on peut lui faire. Il n'est pas d'une réalisation immédiate. Il admet que, pour être exécuté, tous les États civilisés doivent être libres et posséder des institutions démocratiques. La fédération ne se nouera qu'entre de tels pays.

Or, actuellement, les peuples éclairés et vraiment maîtres de leurs destinées sont la minorité, même en Europe. Il faudrait cependant que l'Union internationale fût assez forte pour n'avoir rien à craindre du reste du monde. Sans cela, elle risquerait d'être attaquée, vaincue, dissoute, par les monarchies et les autocraties inquiètes à son sujet, jalouses d'elle.

Pour le moment donc, le système des Conférences périodiques et de la Cour de La Haye, celui des traités d'arbitrage permanent, est le seul viable. Il faut cependant rendre cet arbitrage obligatoire et sans réserve.

C'est la première étape à franchir. Les peuples apprendront ainsi à se connaître, à s'estimer chaque jour davantage ; ils sentiront leur étroite solidarité, et ils seront plus prêts pour leur fédération.

Toutefois, dès maintenant, ne pourrait-on réaliser un double progrès, proposé par M. Moscheles ? Fixer la périodicité précise des Conférences de la Haye, et créer un organisme qui, dans l'intervalle de ces grandes réunions, les remplacerait, en une certaine mesure, et préparerait l'étude des questions qui devraient leur être soumises. Dans l'intervalle des sessions de certaines assemblée, une partie de leurs membres forme ainsi un comité permanent, et continue leurs travaux les plus indispensables. L'organisme qu'a imaginé M. Moscheles ne doit donc pas effrayer, il en existe de semblables, et très avantageusement.

Eh ! pourquoi, au lieu d'imaginer un gouvernement fédératif de toutes pièces, ne se servirait-on pas, en l'améliorant, de ce qui est ? Pourquoi les Conférences de La Haye ne deviendraient-elles pas, progressivement, plus fréquentes, presque permanentes, permanentes s'il le fallait, et dès qu'il le faudrait ? Pourquoi n'étendraient-elles pas, graduellement, le cercle de leurs débats, jusqu'à embrasser toute la vie internationale ? Pourquoi, au fur et à mesure que les nations s'éclaireront et se démocratiseront, leur recrutement ne se démocratiserait-il pas lui-même ? Pourquoi ne seraient-elles pas, plus tard, d'émanation populaire, représentant les multitudes nationales, et non plus la petite aristocratie des gouvernants ? Actuellement, c'est le pouvoir exécutif qui, dans chaque État, nomme les délégués de La Haye. Ce pourrait être bientôt les assemblées législatives de chaque pays, dans un vote solennel, et, si l'on veut, sur présentation des Ministres. Plus tard, le suffrage universel, en une forme à déterminer, serait appelé à ratifier le choix des Parlements, en un référendum. Tous les peuples s'intéresseraient alors, infiniment plus qu'aujourd'hui, aux débats et aux Conventions des Conférences, qui seraient indirectement leur œuvre. Or, on ne fait plus rien de grand sans l'opinion publique, et l'on arrive à modifier le monde, par elle, lorsqu'on y fait naître de grands courants. Ceux-ci bientôt sont invincibles, emportent tout.

Ces changements successifs, dans la composition et le rôle des Conférences de La Haye, seraient conformes aux lois de l'évolution, dont l'action, beaucoup plus lente que celle des révolutions, est, en revanche, plus sûre et plus durable.

CHAPITRE V

Pour supprimer la guerre, supprimons l'armée, disent certains.

— « Il est un moyen très simple et tout à fait radical de supprimer la guerre, disent certains, c'est de supprimer l'armée. »

Ces théoriciens : les antimilitaristes, considèrent que les armées sont les instruments nécessaires des batailles.

Qu'ils veuillent bien réfléchir toutefois à ce qu'il adviendrait si, dans le désarmement général, un peuple conservait ses soldats. Il pourrait se jeter sur les autres et les soumettre.

— « Ceux-ci se soulèveraient en masse pour se défendre. »

Ceux-ci seraient vaincus fatalement. L'art de la guerre est aujourd'hui difficile et exige un assez long apprentissage. Il y a d'ailleurs tout un matériel de combat qu'il faut tenir en état. Des troupes qui n'auraient pas été habituées à marcher, à se servir de leurs armes, qui peut être n'auraient même plus d'armes puissantes et perfectionnées ; des chefs qui ne les connaîtraient pas, qui ne les auraient pas en mains, ignoreraient la stratégie et la tactique, seraient, malgré toute leur vaillance, très probablement écrasés. On n'improvise plus la victoire, elle s'enseigne.

Il ne s'ensuit pas que le service obligatoire, tel que le comprennent les grandes puissances, ne subira jamais de modifications profondes, et qu'on n'en viendra pas à des sortes de milices bien entraînées et bien encadrées. La durée du service militaire tend partout à se réduire. Elle a été, en France, de sept ans, puis de cinq, puis de trois ; elle est actuellement de deux. Mais, pour l'heure, des troupes levées au seul jour du danger, iraient à la défaite.

Le triomphe de la nation militariste serait, sans doute, passager ? Ce peuple n'en tirerait aucun profit réel ? Il ne satisferait que son orgueil ? N'importe ! l'orgueil entraîne les hommes. Les vaincus reconquerraient leur indépendance par la force ? Soit ! Mais il leur faudrait alors combattre à la moderne. Et ils s'y prépareraient dans des conditions bien désavantageuses !

Ne supprimons donc pas l'armée, si toutes les nations du monde ne nous imitent pas immédiatement. Y a-t-il chance que ce désarmement universel et simultané s'accomplisse, à l'époque présente ? Certaines autocraties, plus ou moins déguisées, se déferaient-elles de leurs forces militaires ? Celles-ci leur sont nécessaires plus encore contre les libéraux du dedans que contre les ennemis du dehors. Les supprimer, c'est, pour elles, se supprimer.

N'eût-on rien à craindre des civilisés, pourrait-on être aussi rassuré du côté des Barbares ou demi-Barbares ? La Chine et les autres pays lointains auxquels l'Europe a fait subir sa volonté, ne chercheraient-ils pas à se venger d'elle, lorsqu'elle n'aurait plus de troupes exercées pour la défendre ?

Non, une entente pour le désarmement ne se produira que lorsque les habitants des divers pays auront la même culture et des gouververnements également respectueux des droits de l'homme.

Si, actuellement, certains peuples écoutaient les antimilitaristes, comme ce seraient probablement les plus éclairés et les plus généreux, ils seraient asservis par les plus barbares et les plus égoïstes.

Ce qui est possible pour le moment et fort désirable, c'est un arrêt dans la progression des armements. Et un accord dans ce but, entre les nations, est-il même difficile, bien que la formule en paraisse trouvée par les pacifistes : le maintien des dépenses militaires, dans chaque pays, au chiffre moyen des trois ou quatre dernières années précédentes. Cette première étape atteinte, on pourra et on devra songer, chez les civilisés, à une diminution simultanée et progressive, dans tous les États, des forces guerrières. Mais un désarmement intégral et immédiat des nations éclairées serait extrêmement dangereux. Il ne peut être la cause de la paix universelle ; il en doit être la conséquence. Des accords internationaux sur la limitation et la diminution des dépenses militaires seraient d'ailleurs un moyen de préparer cette paix et une preuve qu'on s'y acheminerait.

En un mot, que les luttes sanglantes cessent par la fondation d'un système juridique international. Aucun État ne voudra plus entretenir stérilement ces ruineuses machines de guerre que sont les armées permanentes actuelles. Faites disparaître la cause avant l'effet. Supprimez la fonction, l'organe s'abolira.

CHAPITRE VI

Supprimons les patries, disent d'autres.

— « Mais, s'écrient d'autres antimilitaristes, ce qui rend les armées nécessaires, ce sont donc les patries. Si le monde n'était pas divisé en pays, il n'y aurait pas de frontières à défendre, pas de luttes à soutenir contre des envahisseurs, elles deviendraient inutiles. »

C'est incontestable. Il est bon de faire observer ici cependant, que ces antipatriotes sont presque tous des collectivistes, et qu'ils établissent deux grandes divisions dans l'humanité. D'un côté, à leurs yeux, sont les patrons, les capitalistes ; de l'autre, les producteurs, les prolétaires. Et ils admettent parfaitement que ceux-ci luttent contre ceux-là. Sont-ils réellement pacifistes ? Ils reconnaissent, dans le monde, deux patries immenses dont les frontières peuvent paraître flottantes : ce qui ne serait pas propre à diminuer le nombre et l'horreur des luttes. Au contraire. Ces singuliers et dangereux alliés, pour les ennemis des guerres contre l'étranger, voudraient, au fond, la suppression des armées permanentes, afin de vaincre plus sûrement les capitalistes que celles-ci protègent. Ils savent qu'ils ne sont pas la majorité, mais, disent-ils, les révolutions se sont toujours faites par les minorités audacieuses. Vainqueurs, ils rallieraient à leur cause la multitude des neutres, et seraient le nombre, après avoir été le droit et la force. Eh bien non ! dans les gouvernements démocratiques tout au moins, le principe équitable est que la majorité impose sa volonté. Si, donc, les collectivistes ne la constituent pas, il est criminel de leur part de prétendre à la direction des affaires publiques, alors même que leurs théories seraient excellentes. S'ils la constituent, ils peuvent établir la société de leur choix par le seul jeu de nos lois.

Les vrais pacifistes n'entendent jamais triompher qu'ainsi : par le droit ; ils condamnent la guerre civile et la guerre étrangère, entre les classes, entre les pays.

Si les patries n'ont qu'une existence factice, ils croient qu'elles disparaîtront d'elles-mêmes ; si elles sont des personnes morales, bien vivantes, ils les respecteront ; ils s'efforceront de les unir, estimant qu'ils détruiront ainsi plus sûrement et plus noblement la guerre qu'en essayant vainement de les anéantir.

Sont-elles bien vivantes ? Les Chinois xénophobes et les Marocains sont convaincus que leur pays est à eux, et à eux seuls. Ils le montrent, en s'opposant à la pénétration européenne. N'y a-t-il pas d'autre peuple qui tienne à son autonomie ? N'y a-t-il que ces barbares ou demi-barbares ? Qu'un conquérant veuille demain violer telle ou telle patrie de civilisés ? Il verra comment il y sera accueilli ! Le sentiment national peut y paraître mort ou affaibli ; il y éclaterait vivace et fanatique. C'est l'attaque de l'Europe qui, en 1792, l'a animé si singulièrement en France.

Les tyrannies de Napoléon et de l'Autriche ont mieux fait sentir et désirer à l'Allemagne et à l'Italie, leur unité.

Les patries ne sont donc pas factices. Examinons quels éléments entrent dans l'amour que l'on a pour elles.

Tout d'abord, l'attachement au sol natal est indéniable : on exalte la valeur du coin de terre où l'on a passé son enfance, dans la fraîcheur des premières sensations. Cet attachement à la petite patrie prépare à celui de la grande. La réunion, par le service militaire, achève de conduire de l'un à l'autre sentiment. L'idée, d'autre part, pour le Breton, que le Flamand ou le Franc-Comtois pourrait se voir imposer un maître étranger, lui inspire des craintes pour lui-même. Il lutterait pour préserver l'intégrité de la France, afin de sauver son propre sol.

Le patriotisme est, en second lieu, naturel dans les pays ayant une vie physique assez semblable en leurs diverses parties. Il en est qui ont des limites rationnelles, où la faune et la flore présentent une réelle unité. Les conditions géographiques, en un mot, paraissent les destiner à donner naissance à un peuple d'une parfaite cohésion. La Pologne pourtant n'offre pas ce caractère, et elle a continué, même divisée entre trois pays, même sous trois dominations, à se sentir une patrie.

La langue commune est également un lien très solide entre les provinces d'une contrée. Elle imprime à la longue, à ceux qui la parlent, une manière assez semblable de penser et de sentir. Elle obéit à certaines lois, auxquelles, lentement, elle façonne plus ou moins les âmes. A la vérité, elle est, à la fois, cause et effet. Les habitants d'un sol ont, à l'origine, formé ensemble une langue, parce qu'ils avaient de nombreux traits pareils. Ils ont trouvé un instrument commun pour les exprimer, parce qu'ils étaient déjà frères de cœur et d'esprit ; mais, à son tour, la langue maintient la parenté entre eux et l'étend. Plus simplement, quand des hommes se comprennent, ils ne sont pas loin de s'entendre et de voir que, le plus souvent, ils ont intérêt à s'unir au lieu de se combattre. Reconnaissons toutefois que la Suisse a trois idiomes, que les États-Unis en ont au moins deux, et que le patriotisme est très ardent dans ces pays. En revanche, les Belges wallons s'expriment en français, et ne songent pas à s'associer à la France. La langue est donc un élément du patriotisme; elle ne suffit pas pour le créer.

Une littérature, des arts communs, sont aussi des sources du sentiment national. Ecrivains, peintres, sculpteurs, musiciens, par des moyens différents, et non dans la même mesure, apprennent à penser et à sentir, à ceux qui ont été surtout à leur école. Ceux qu'ils ont nourris longtemps de leurs œuvres, pourront-ils se trouver complètement étrangers les uns aux autres?

La communauté de religion, dans un pays, fortifie aussi beaucoup le patriotisme. Mais les Suisses sont pourtant les uns, catholiques, les autres, protestants.

L'histoire et les traditions nationales font des patriotes. Quand les habitants d'une contrée ont bien conscience qu'ils ont vécu, souffert, conquis ensemble, ils se sentent mieux de la même famille. Le patriotisme de certains peuples n'a pas néanmoins cet aliment.

On sait aujourd'hui que les races pures n'existent guère. Chaque contrée a été traversée par les envahisseurs les plus divers, dont certains s'y sont établis. Le Français, l'Anglais ou l'Allemand actuels sont nés de la fusion de plusieurs éléments ethniques. Déclarons toutefois que le séjour prolongé dans un même lieu a, sur tous les êtres, une influence considérable. Bien qu'hétérogènes à l'origine, ils arrivent à se ressembler. La terre modèle l'homme qui s'unit à elle. Adam est né du limon, a dit la Bible. Il est permis de voir là une image exacte. Pourquoi donc, aujourd'hui, ne se serait-il pas créé une race française, une race anglaise, une race italienne? Convenons à présent que le Prussien et l'Allemand des bords du Rhin ont peu de traits pareils : ils n'en ont pas moins un même patriotisme.

Mais le lien le plus fort entre les habitants d'un

pays, c'est encore la communauté de vie politique, économique, de gouvernement, de lois, de mœurs. On y entend l'existence de la même façon, et on désire continuer à l'y mener pareillement. C'est ce qui crée l'union des volontés, l'élément le plus solide du patriotisme, d'après la plupart des philosophes. Cependant, dans les États fédéraux, toutes les lois ne sont pas les mêmes. Lorsqu'ils sont très étendus, la vie y est parfois fort différente, au Nord et au Midi, à l'Est et à l'Ouest, dans les États-Unis, par exemple : la volonté de former une patrie n'y est pas pourtant moins énergique qu'ailleurs.

On le voit donc, aucun des éléments du patriotisme n'y est indispensable, et un seul peut suffire pour l'animer. Tous, pourtant, ont de la force, et chacun d'eux en a plus ou moins suivant les lieux. Ici, il est surtout communauté de langue ; là, de religion ; là, de gouvernement. Evidemment, lorsque plus de liens existent entre les hommes d'un même sol, le patriotisme y est, en général, plus intense. On connaît l'apologue de La Fontaine : plusieurs cordes sont, séparées, plus aisément rompues que tressées. Tous les éléments du sentiment national, unis, deviennent d'une solidité extraordinaire.

Au fond, ils peuvent se réduire à un. Nous voulons vivre librement, avec ceux dont les intérêts matériels, intellectuels et moraux sont les plus conformes aux nôtres. Nous sentons qu'alliés, nous les défendrons mieux. Cette communauté d'intérêts naît, ordinairement, de conditions pareilles d'existence.

Le patriotisme est donc naturel. Il ne mourra jamais complètement, quoi qu'on dise. Il se transformera seulement, avec le temps et les modifications de la vie humaine. Donc, l'on ne pourra jamais, sans doute, et l'on ne peut certainement aujourd'hui, établir le règne de la paix par la suppression des patries.

CHAPITRE VII

Il faut aimer sa patrie et l'humanité.

La plupart des hommes, actuellement, aiment donc leur patrie. Certains cependant, s'élèvent avec colère contre ce sentiment, et soutiennent qu'on doit, au-dessus des frontières, aimer toute l'humanité, n'aimer qu'elle. Le patriotisme engendre la haine et guerre, disent-ils ; l'amour de l'humanité créerait une immortelle, une universelle solidarité. — D'autres répondent que le patriotisme seul est naturel et peut être fort ; l'amour de l'humanité, étendu sur trop d'objets, ne sera que faible et vague.

Ni les uns ni les autres ne paraissent très sages. Quand on parle d'amour de l'humanité, dira-t-on aux seconds, il faut s'entendre. D'une part, on ne prétend pas que, dans la lutte de son propre pays contre un pays ennemi, c'est le parti de celui-ci que l'on doit prendre. Aucun des deux adversaires ne représente, en effet, l'humanité. Tous deux n'en sont qu'une des divisions, et il est permis, il est naturel de préférer celle dont on est membre. On veut exprimer que l'intérêt de toute l'humanité passe avant l'intérêt d'une des nations qui la composent, à égalité de droits. On comprend encore que les malheurs de toute l'humanité doivent être sentis par chaque homme. Cette sympathie est tout aussi naturelle que le patriotisme. En fait, quand une catastrophe frappe un peuple quel qu'il soit, tous en sont affligés et l'on n'a jamais vu un sauveteur, se jetant à l'eau pour en tirer un naufragé, demander s'il va s'exposer pour un compatriote ou un étranger. On est homme, et rien de ce qui est humain, depuis Térence, ne doit être, et n'est indifférent. Cette affection, dans les âmes nobles, n'est ni faible, ni vague.

Mais si ceux qui la prétendent telle sont dans l'erreur, les représentants de l'opinion tout opposée le sont davantage. Est-il possible de ne pas aimer ses concitoyens, quand on aime tous les hommes ? Ceux-là ne font-ils pas partie de ceux-ci ? Comment, nous ne chérirons pas ceux que nous connaissons le mieux, ceux avec qui nous avons vécu, qui ont des intérêts similaires aux nôtres, et nous nous déclarerons dévoués à des gens que nous n'avons jamais vus, que nous ne verrons peut-être jamais, qui sont très différents de nous ! Un cœur assez sec ou assez misanthrope pour ne pas avoir de tendresse à l'égard des premiers sera ouvert à l'égard des seconds ? Non l'amour de l'humanité peut être un patriotisme « de superposition » non un patriotisme de « remplacement ». On peut s'oublier d'abord pour son pays, puis pour tous les pays, non songer à soi, à l'exclusion de ses concitoyens, pour conserver toute sa puissance de dévouement envers tous les autres habitants de la Terre.

Quand l'affection de la famille s'étendit à celle de la cité, elle ne disparut pas. On aima toujours ses parents, mais, en plus, ceux qui demeuraient dans le même lieu. N'avait-on pas des intérêts communs avec eux ? Ne trouvait-on pas en eux des défenseurs et des alliés, et ne devait-on pas être leur défenseur et leur allié ?

Quand le patriotisme municipal ne suffit plus, quand les cités se groupèrent en région, quand les régions s'unirent en pays, cessa-t-on d'être attaché d'abord à la cité, ensuite à la région ? On n'a qu'à consulter autour de soi. L'habitant de Marseille est fier d'être Marseillais ; il chérit les habitants de sa ville ; il chérit après la Provence ; il chérit enfin la France. Pourquoi le Français, l'Anglais, l'Allemand cesseraient-ils de se sentir Français, Anglais, Allemands, pour être uniquement hommes ? Serait-ce naturel ? Non, c'est dans la force du sentiment national que le sentiment de l'humanité puisera son énergie, comme celui de la patrie a puisé sa force dans celui de la province et de la cité, celui de la cité, dans celui de la famille, celui de la famille même, dans l'égoïsme bien entendu.

Donc, c'est une erreur de croire que l'amour de l'humanité doive éteindre l'amour du pays. On en trouvera difficilement parmi nos professeurs de patriotisme, qui aient autant aimé la France que Michelet ou que les Conventionnels. Le grand historien, pour mieux souffrir avec elle, pour mieux s'identifier à elle, a revécu tout son passé, avant de le conter. Les hommes de la Révolution sont morts pour elle, pour sa liberté et pour sa grandeur. Cependant, Michelet et les Conventionnels accordaient leur affection pour leur pays avec leur affection pour toute l'humanité. Ce qu'ils ont pu, pourquoi ne le pourrait-on pas, dans la mesure où un homme ordinaire est capable d'imiter des hommes exceptionnels ?

Le seul patriotisme qui ne s'allie pas avec le sentiment de l'humanité, c'est le chauvinisme, c'est celui qui est fait d'orgueil et de haine surtout, celui qui s'exprime ainsi : « Je déteste l'étranger, je méprise l'étranger, je veux nuire de toutes mes forces à l'étranger ; j'aime donc beaucoup mon pays ! »

Il faut bien d'ailleurs que le patriotisme soit susceptible de s'accorder avec l'amour de l'humanité ; car il est certain que ces deux affections sont des devoirs impérieux. La conscience nous commande de chérir, en effet, tous ceux dont nous avons reçu des bienfaits. Or, dans le monde actuel, des droits à notre reconnaissance sont acquis par notre pays comme par les habitants de la terre entière. Que nous considérions nos dettes au point de vue économique, intellectuel ou moral, nous conviendrons qu'elles sont grandes, à l'égard de nos compatriotes, comme à l'égard de tous les hommes.

Nos aliments, nos vêtements, les matériaux ou l'ameublement de nos maisons, toutes les inventions qui ont transformé, multiplié notre vie matérielle ne nous viennent pas de notre pays seulement mais de tout l'univers. Au moindre de nos vêtements de coton, songeons combien d'hommes de combien de contrées, ont collaboré, depuis le planteur américain jusqu'au tailleur national.

Et ces gens qui produisent pour nous, dans tous les pays, sont aussi pour nous des clients. Ils bénéficient de nos travaux, comme nous bénéficions des leurs. Les économistes modernes ont surtout peur de la guerre entre deux grands peuples civilisés, parce qu'ils envisagent quel trouble profond elle causerait dans la vie de toutes les nations. Une contrée a pu, aux siècles précédents, trouver à satisfaire presque tous ses besoins avec ses propres ressources. Aujourd'hui chacune fait appel aux produits de toutes. L'activité économique s'entretient et se développe, en notre temps, de la collaboration de toutes les patries.

Reconnaissons toutefois que, pour les commodités de la vie matérielle, nous devons plus à la nôtre qu'aux autres. Les ouvriers qui travaillent pour les Français sont, en majorité, Français. Le lien de solidarité, entre les habitants d'un pays, est donc plus étroit, qu'avec ceux des pays étrangers. Notre dette de reconnaissance, de ce chef, est plus grande encore envers nos compatriotes qu'envers nos autres frères en humanité.

La pensée nationale nourrit surtout les membres d'une nation. Ceux-ci, principalement, lisent les livres de leurs écrivains, admirent les tableaux, les statues, les œuvres diverses de leurs artistes. Ils reçoivent l'instruction de leurs instituteurs, et s'éclairent, plus particulièrement, de la vérité découverte par leurs génies. Tous les aliments intellectuels leur sont plus assimilables en leur langue qu'en une autre. L'idiome de leur nation est même, pour beaucoup, le seul qui les rende assimilables.

Néanmoins, tous les civilisés profitent aussi des chefs-d'œuvre littéraires ou artistiques de tous les pays. On lit Corneille en Angleterre, en Allemagne, en Russie ; on lit en France Shakespeare, Goethe et Tolstoï. Chaliapine vient chanter à Paris, et Sarah Bernardt va jouer à Saint-Pétersbourg.

Quant à la science, elle est, par essence, internationale. Les travaux des savants de tous les pays s'appuient, se contrôlent, se complètent.

Au point de vue intellectuel donc, nous devons à nos compatriotes et aux étrangers, mais plus aux premiers qu'aux seconds.

La morale de l'Europe fut longtemps, est encore peut-être, celle de l'Allemand Kant : mais Kant ne s'est-il jamais inspiré du Français Rousseau ? L'Anglais Spencer n'exerce-t-il pas une grande influence sur tous les civilisés contemporains ? Cent philosophes de toutes les patries contribuent à établir la philosophie mondiale, et les mœurs de tous les peuples éclairés tendent à se rapprocher, tant elles ont d'action réciproque. Il est curieux de voir que toutes les langues contemporaines inclinent vers des syntaxes voisines. C'est qu'elles expriment des âmes de moins en moins différentes. L'allemand du XVIIIe siècle est, comme construction, fort éloigné du français de la même époque ; l'allemand de nos jours devient analytique comme le français actuel. Tous les peuples ont pu songer à un idiome commun : l'espéranto, le parler et l'écrire de même, constater ainsi que leurs âmes sont déjà parentes. Déclarons pourtant, de nouveau, que la morale, la philosophie, les mœurs d'un Anglais sont, avant tout, anglaises. Là encore, les nationaux de chaque pays doivent plus à leur pays.

Ils lui doivent plus surtout, au point de vue du Gouvernement et des lois. Tous les Hervés auront beau dire, le Gouvernement et les lois d'un Etat sont particulièrement propres à ses habitants. Ils le sont d'autant plus que ceux-ci y ont plus de part : dans une démocratie, par exemple. Non, il n'est pas vrai qu'un Français vivrait aussi heureux ou, plus exactement, ne vivrait pas plus malheureux, en Allemagne qu'en France. Il y souffrirait, dans son sentiment de l'indépendance, car l'esprit d'autorité y est plus grand. La dureté des chefs militaires, leur arrogance aristocratique l'y blesseraient. La discipline qui y règne partout n'irait pas à son caractère capricieux. Et il supporterait impatiemment d'être contraint dans sa liberté de penser ou d'écrire, comme Liebnecht. Il est probable aussi qu'un Allemand ne s'accommoderait pas parfaitement des lois et du gouvernement français. La politique d'une contrée en est le fruit indigène comme la race.

Cependant, aujourd'hui plus que jamais, les peuples civilisés échangent des articles de leurs Codes. C'est d'Angleterre qu'est venu le principe de la liberté personnelle, et c'est probablement la France qui a fait désirer une Constitution à la plupart des nations européennes.

Celles-ci, en cette matière comme dans les autres, ont contracté des dettes mutuelles : mais le Français doit plus ici encore à la France, l'Anglais à l'Angleterre, l'Allemand à l'Allemagne.

Hervé, quand il écrit : « Toutes les patries se valent pour les ouvriers », n'est pas dans le vrai. Il n'envisageque le bien-être matériel. Et encore n'est-il pas sûr qu'il ait raison en ce point? L'Espagnol, le Japonais, le Bavarois gagnent moins que le Flamand, le Yankee, l'Anglais, même en tenant compte de la cherté différente des aliments, dans leurs divers pays. Mais le bien-être matériel est la moindre partie du bonheur. Les ouvriers de chacun des États auront bien plus de joie, à égalité de salaire et de prix de la vie, chez eux qu'ailleurs.

Que dit donc la raison, seule base reconnue solide de la morale, depuis Kant? Elle dit que, puisque, à tous les points de vue, nous recevons des bienfaits de tous les peuples, il nous faut tous les aimer, tous les servir. Elle dit que notre dette, de ce chef, étant aussi plus grande envers notre patrie qu'envers les autres, nous avons l'obligation de l'aimer et de la servir davantage.

Et notre cœur nous le répète avec plus de force. Les deux voix se confondent. Il est doux qu'il en soit ainsi : car si elles s'opposaient, nous n'aurions pas à hésiter, la seconde, plus austère, devrait être écoutée, malgré toute l'éloquence entraînante de la première.

CHAPITRE VIII

Comment concilier l'amour de la patrie, l'amour de l'humanité ?

L'amour de la patrie est raisonnable : il est un devoir. L'amour de l'humanité est raisonnable : il est un devoir. Comment les concilier ?

Dans la paix, rien n'est plus facile. Ce sont alors les mêmes règles qui régissent la conduite du citoyen et de l'homme. On n'a pas à agir différemment à l'égard de ses compatriotes, à l'égard des étrangers. Ce que la morale condamne dans les rapports que l'on a avec ceux de son pays, elle le condamne dans les rapports que l'on a avec ceux des autres pays. Ce qu'elle ordonne envers les uns, elle l'ordonne envers les autres.

Il n'est permis ni de voler, ni de tuer un étranger ou un compatriote, ni de leur porter aucun préjudice, ni de leur faire aucune injure. Les lois mêmes punissent également les crimes pareils, quelle qu'en soit la victime, née en deçà ou au-delà des frontières.

Il faut être juste envers les enfants ou envers les hôtes de son pays ; il faut témoigner à ceux-ci et à ceux-là la même considération. Il arrive même qu'on affecte plus d'amabilité pour un touriste étranger, source de gain, que pour un concitoyen, concurrent peut-être redoutable. La personne humaine enfin est également sacrée, quelle qu'en soit l'origine.

Les peuples d'ailleurs, durant la paix, se visitent

réciproquement. On circule aussi aisément dans sa patrie que dans les autres patries. Il est des villes de la Côte d'Azur ou de la Suisse qui sont, à de certaines époques, véritablement internationales, Cosmopolis transitoires.

Tous les civilisés dans la paix s'alimentent des mêmes aliments, matériels et intellectuels. A l'époque de Paturot, on soutenait, par patriotisme, la betterave française, et le sucre, qui n'eût pas été national, eût semblé amer. Aujourd'hui, on achète des marchandises, en s'inquiétant non de leur provenance, mais de leur prix et de leur qualité. Si le coton américain parvient en France à meilleur compte que le coton de la Guinée française, on y achète, de préférence, le premier. On mange des pâtes d'Italie, si on les trouve plus savoureuses que celles de son pays, et qu'on puisse s'en payer. On ne croit pas, en agissant ainsi, se rendre coupable de trahison envers sa patrie. Peut-être même, l'internationalisme des clients est-il parfois un peu excessif et voisin du ridicule. On ne voit pas bien ce que gagnent, par exemple, certains Parisiens à se faire blanchir à Londres, ni pourquoi la bière fabriquée à Paris se prise davantage, quand on la dénomme : bière de Munich. Le titre dont on la décore en a-t-il affiné le goût ?

L'internationalisme des marchands ne le cède en rien à celui des clients. Ils vendent où ils ont le plus d'intérêt à vendre, et le plus patriote des Champenois, voisin de la frontière cependant, se plaindra amèrement de la concurrence que lui fait, auprès des Allemands, le champagne de Hambourg, plus industriel qu'honnête. Il cherchera avidement à écouler le plus mousseux, le plus spirituel de ses vins, chez ses vainqueurs de 1870-71. Il ne se fera pas scrupule d'en animer la prétendue lourdeur germaine pourvu qu'on lui en donne un bon prix.

Les Français acceptent les informations du monde

entier, et en envoient dans le monde entier. Ils admirent, sans se le reprocher, et même de préférence — ce qui n'est pas une preuve sûre de goût — les drames étrangers, vinssent-ils d'au-delà le Rhin; ils adorent la musique de Wagner, qui ne les adorait pas, et ils expédient leurs opérettes ou leurs romans dans tous les pays civilisés, même rivaux.

En un mot, durant la paix, on ne fait pas de différence marquée, entre un compatriote et un étranger. Nul ne se croit obligé de sacrifier son intérêt propre, au profit du premier, en lui vendant meilleur marché ou en lui achetant plus cher qu'au second. On estime que les droits de douane doivent suffire pour protéger, dans la mesure légitime et nécessaire, la marchandise nationale. Le patriotisme des États consiste seulement à faire payer un prix d'entrée, plus ou moins élevé, aux produits des autres contrées. Et chacun conserve pleinement sa liberté de penser, de juger, de louer, de condamner ce qui, dans tous les ordres d'activité, est dû à sa patrie, est dû aux autres patries. On est même quelquefois plus sévère pour la sienne : ce qui, à tout prendre, est peut-être une preuve de plus grand amour pour elle.

Les devoirs envers son pays et envers l'humanité, en temps de paix, se concilient donc. Il est permis de soutenir toutefois qu'à égalité de mérite, un sage préférerait, même alors, une œuvre nationale, de quelque nature qu'elle soit, à une qui ne l'est pas, donnerait, comme client ou comme marchand, à égalité d'intérêt, la préférence à un compatriote. Son caractère ethnique, son génie propre, son cœur l'y entraîneraient, s'il ne se faisait pas violence. Mais tous ne pensent pas ainsi.

La guerre éclate, j'imagine, entre la France et l'Allemagne. Le Français doit-il, sous prétexte qu'il aime l'humanité, se refuser à combattre l'Allemand? Ce serait une trahison. Ceux qui recommandent aux simples soldats de tirer sur leurs officiers, se font les apôtres de l'assassinat. Si, le jour venu, ils étaient écoutés, ils seraient complices de ce crime, puisqu'ils l'auraient conseillé. Ces meurtres seraient d'autant plus odieux qu'ils auraient pour victimes de simples serviteurs de l'État, irresponsables de la guerre dans laquelle ils se trouveraient engagés. Les chefs frappés auraient seulement exécuté un ordre auquel ils ne pouvaient se soustraire, un ordre de la collectivité : on les punirait d'avoir accompli leur devoir.

La désertion serait moins criminelle. Avec une pleine franchise, nous avouerons que, si elle était générale dans les deux camps, elle constituerait un moyen illégal mais sûr de terminer la guerre. Un moyen illégal est toujours fort dangereux, et, dans les pays libres, très coupable. Si l'on pense qu'on a sa patrie avec soi, pour la fin des conflits armés, on peut obtenir ce résultat d'une loi et non par le refus d'obéir aux lois. Si l'on n'a pas avec soi la majorité de ses concitoyens, on n'a pas le droit, membre de la minorité, d'imposer sa façon de voir au plus grand nombre.

Les moyens illégaux de réaliser ce que l'on souhaite ne se justifient que dans un État autocratique. Dans ce cas, il n'y a pas, à proprement parler, de loi, c'est-à-dire d'expression de la volonté générale, il n'y a que le caprice ou l'intérêt changeants d'un maître. Il n'est aucune raison pour qu'un sujet éclairé ne fasse pas prévaloir, comme il le peut, sa sagesse sur la folie d'un despote. Toute la question est alors de savoir si le violateur de la pseudo-loi représente réellement la sagesse, et si l'ordre du tyran représente la folie. Le bonheur durable du peuple et le bonheur noble, dans son sens le plus élevé, justifiera seul celui qui substitue son arbitraire à l'arbitraire d'un tyran.

Désobéir à la loi, c'est donc prendre toujours la plus grave des responsabilités. Mais, dans une démocratie véritable, la loi, fût-elle insensée, on doit s'y conformer. L'honneur dans l'armée, écrivait de Vigny, un des esprits les plus profonds, c'est de se soumettre passivement à ses chefs, et ce ne va pas toujours sans révolte, sans déchirement, sans héroïsme. L'honneur dans un État libre, c'est d'obéir à la volonté générale. La raison humaine n'a pas varié sur cette doctrine, depuis bien des siècles : il est donc probable que ce principe est excellent. On sait que les Grecs, si jaloux de leur indépendance, n'admettaient point la rébellion contre la cité. Tout le monde connaît la prosopopée de Socrate, dans *Platon*. Les lois demandent au philosophe si injustement condamné comment il oserait les trahir, quand elles l'ont si longtemps protégé. Le Code a aussi protégé le Français qui voudrait déserter : de quel droit celui-ci refuserait-il de s'incliner devant lui, au jour de la bataille ? On ne peut reconnaître une telle autorité par intermittences : il faut se courber toujours devant elle ou jamais. Qui a assez de présomption pour croire qu'il se passera aisément de la loi, même d'un pays libre, n'a qu'à la désavouer constamment. Qu'il vive en anarchiste, seul, sans réclamer jamais d'elle ni sécurité pour ses biens, ni sécurité pour sa personne, ni sécurité pour sa pensée. Au moment du péril, il est trop tard pour la renier. C'est une perfidie. C'est une lâcheté.

Et l'on n'a pas à considérer alors si la guerre dans laquelle l'État *libre* s'est engagé est légitime ou non, si elle est offensive ou défensive. Quand elle est, le citoyen doit combattre de toute son énergie. Il n'y a pas de démocratie, il n'y a pas de loi, si ce principe n'est point scrupuleusement observé.

D'ailleurs, il est certain que jamais, on ne verra, dans les deux camps adverses, tous les soldats déposer les armes en même temps. Dans une lutte entre deux États libres et éclairés, il se pourrait que les déserteurs fussent à peu près aussi nombreux ; dans une lutte entre deux pays inégalement libres et inégalement éclairés, ou simplement, dont l'un serait moins libre ou moins éclairé que l'autre, le moins avancé en civilisation ou en indépendance compterait moins de déserteurs que l'autre. Il serait victorieux. Comment la désertion servirait-elle ainsi le progrès et le bonheur humains ? Les Hervés passeraient sous la domination d'un autocrate, seraient alors contraints de servir dans une armée brutalisée, ou verraient leur pensée étouffée dans une prison perpétuelle.

Aussi, les pacifistes, avant les hostilités, s'efforceront-ils de les empêcher, réclameront-ils de toute leur puissance, l'appel de leurs patries à un arbitrage. Ils se laisseront traiter de « mous », de « flasques », de « troupeau bêlant », d'« insensés », de « lâches ». Et ils montreront ainsi plus de courage que leurs détracteurs. Le « Prussien » Thiers s'est élevé contre ~~toute~~ la guerre de 1870, comme ils s'élèveront contre toute guerre future, à moins qu'un ennemi sans scrupule ne l'ait imposée à leur pays. La lutte engagée, juste ou injuste, ils combattront, la mort dans l'âme, songeant tristement aux ruines et aux deuils qui s'accumulent, qu'ils auraient voulu éviter, qu'ils n'ont pu éviter : mais ils combattront avec vaillance. Et, dans le fort des batailles, ils penseront aux moyens de faire cesser au plus tôt la criminelle folie de la guerre, de ramener la paix et la fraternité.

Quel reproche pourra-t-on leur adresser ? On dira que leur patriotisme est « provisoire », qu'il est « subordonné ». Fût-ce vrai — et ce ne l'est pas — qu'importerait ? On n'est pas maître de son cœur ; on est maître d'accomplir son devoir. Et ils accompliront, jusqu'à la mort, leur devoir envers leurs pays, qu'on les accuse de ne pas aimer assez. Singulière logique d'ailleurs de dialecticiens trop subtils ! Ils prétendent que le patriotisme est immortel, et ils le dénient presque, aux plus éclairés, aux plus généreux des Français, aux Aulard, aux Lavisse.

Non, ni Aulard, ni Lavisse, ni, avec eux, tous les pacifistes, n'ont un patriotisme aveugle. Non, le patriotisme aveugle n'est pas le seul. Non, il n'est même pas le meilleur. Il n'est pas le plus utile à l'État qu'il prétend servir. Il peut être, pour lui, le plus dangereux. Oui, c'est un devoir patriotique, pour tous les pacifistes, de combattre, dans leur pays, tout projet de guerre injuste, promît-elle d'être fructueuse. Ils sont sûrs d'avance qu'elle sera, pour lui, dans un avenir plus ou moins rapproché, aussi nuisible qu'elle paraît lui être avantageuse. Il payera au centuple, en haine sourde ou avouée, génératrice de défaites futures, ce qu'il aura l'air d'avoir gagné. Aussi les amis du droit et de la paix condamnent-ils leur patrie s'engageant dans une entreprise inique ou simplement douteuse. Et ils continuent à la condamner, la guerre commencée. Et ils la condamnent, si elle a triomphé. Ils ne la haïssent pas comme les vaincus, mais ils la plaignent. Oh ! sans doute, avec une grande défiance d'eux-mêmes, ils se disent qu'ils peuvent avoir tort contre la majorité. Ils ne prétendent pas imposer la suprématie de leur raison à la collectivité, mais, enfin, ils ont une raison, et il serait indigne d'eux de ne pas s'en servir, d'en méconnaître la voix. Tous les nationalistes et tous les dialecticiens quintessenciés n'y feront rien ; nous ne sommes plus aux siècles de foi aveugle. Si, beaucoup ont renoncé à des croyances consolantes, parce que la vérité n'en est pas démontrée, ce n'est point pour adorer, comme un Dieu féroce de la guerre, une patrie iniquement victorieuse. Il faut en prendre son parti. Aujourd'hui, nous nous rallions d'abord à ce que nous estimons sage ; nous l'épousons et nous l'aimons ensuite. Nous allons de l'idée au sentiment, de l'idée juste au sentiment justifié par elle. Les siècles précédents allaient, à l'inverse, du sentiment à l'idée, et c'est pour cela que nous les estimons peu éclairés. Aussi, bien souvent, leur esprit était la dupe de leur cœur. Ils aimaient beaucoup ce qu'ils n'auraient pas dû aimer, et leur affection s'éteignait bientôt, et il était désirable qu'elle s'éteignît au plus vite. Quand, au contraire, la raison précède et guide le cœur, le sentiment peut être et doit être durable. L'amour des pacifistes pour leur pays étant éclairé, approuvé par la conscience, a chance de ne pas mourir.

D'ailleurs, au-dessus de leur patrie, au-dessus de toutes les patries, ils sont pour la patrie du droit, qui n'est pas celle des faibles mais des forts, celle de la raison, qui finit toujours par triompher, et dont l'empire, une fois établi, n'est point passager. Il faut ici combattre ce sophisme que le droit est l'intérêt des faibles. Rien n'est plus faux. Les plus forts et les plus nombreux l'ont peut-être pour eux, l'ont peut-être contre eux. C'est l'équité seule qui prononce de quel côté il se trouve, et c'est le bon sens qui apprécie l'équité.

Cette patrie du droit, ainsi découverte, n'exige pas que l'on meure pour elle sur un champ de bataille ; il suffit qu'on proclame ses principes sans se lasser. Ce ne va pas sans péril, il est vrai, et bien des penseurs libres l'ont payé de leur vie.

Les pacifistes de tous les pays souhaitent que cette patrie du droit soit la leur. Ils veulent que celle-ci soit aimable, pour qu'elle soit aimée. Et ils sont convaincus que, si elle les écoute, elle assurera mieux sa durée qu'en se faisant redouter par les plus formidables des armements. Le pays qui apportera au monde plus de justice, plus de liberté, plus de bonheur noble, acquerra plus de prestige, aura une plus grande influence que le plus génial des conquérants belliqueux. Il sera le maître de la terre, au bénéfice de la terre entière, parce qu'il sera le maître des esprits et des cœurs. La pure conquête, la conquête sans revanche, c'est le rayonnement des idées sages et des beaux sentiments.

Non, non, on n'aime pas aveuglément sa patrie,

parce que c'est sa patrie, pas plus qu'on n'aime son père, parce que c'est son père. Le fils n'aime pas celui qui s'est, tout au plus, donné le plaisir de l'engendrer. Il chérit seulement le tuteur dévoué, le tuteur estimable qui s'est sacrifié pour lui. Et si, de plus, ce père vaut à tous les siens la considération générale, cette affection devient de l'adoration. Patriotes, faites adorer votre patrie !

CHAPITRE IX

L'éducation pacifiste.

Nous avons montré le but à atteindre : l'établissement de la paix permanente. Nous avons dit comment on inspirerait aux hommes l'horreur de la guerre et comment on leur apprendrait à concilier l'amour qu'ils doivent à leur patrie, l'amour qu'ils doivent à l'humanité. Mais, comment agira-t-on, dans le même but, sur les enfants ? C'est sur eux que repose l'avenir.

On a proposé, pour les rendre pacifistes, divers moyens, que nous ne déclarons pas mauvais, car ils ont pour eux des autorités vénérables, mais qui nous paraissent tous insuffisants et dont quelques-uns ne sont pas à nos yeux, sans péril.

« On ne doit pas donner, dit-on, des boîtes de « soldats aux bébés, ni d'autres jouets de même « caractère. »

Sincèrement, nous ne pensons pas qu'un homme de vingt-et-un ans aimera la guerre, au mépris de la raison, parce que, à cinq ou six ans, il aura fait, sans stratégie géniale, manœuvrer de fort obéissants soldats de plomb. Nous convenons que d'autres jeux peuvent être, pour les enfants, plus utiles, et nous souhaitons qu'ils s'y attachent. Mais enfin le propre d'un jouet, c'est de plaire, et si les soldats de plomb charment un bambin, achetons-lui de ces dernières troupes mercenaires. Elles sont si innocentes ! Leurs généraux improvisés les perdront peut-être, comme Soubise perdait les siennes. S'ils les conservent jalousement, n'imaginons pas que, parce qu'un enfant en aura, avec valeur, abattu des files entières, il deviendra, selon toute apparence, un Gengis-Khan ou un Napoléon. Eh oui ! on crée ainsi des réflexes. Soit ! Mais on en peut, autrement, créer, en même temps, d'opposés, qui les neutralisent. Et, au fond, l'objet de l'éducation est de nous apprendre à dominer nos réflexes. Nous ne voulons pas fabriquer des automates pacifistes, mais des esprits amis de la paix.

Certains de nos amis s'élèvent contre les exercices violents, les sports, le tir à la cible. Ils sont adversaires des sociétés de gymnastique et de préparation au devoir militaire. N'y a-t-il pas là aussi de l'exagération ? Il ne faudrait pas cependant que les pacifistes fussent des femmelettes. Il serait souhaitable plutôt pu'ils eussent au moins autant d'énergie et d'adresse physiques que les plus déterminés des chauvins. Leur énergie morale, plus forte et surtout plus haute, emploierait ces qualités précieuses à combattre la guerre au lieu de la servir.

Si l'on examine séparément chacune des proscriptions de certains pacifistes, on dira : les exercices violents anti-hygiéniques doivent être condamnés ; ceux qui contribuent, au contraire, à l'endurcissement du corps seront conseillés. Le pacifisme ni le militarisme n'ont rien à voir là ; c'est la raison qui prononce.

Les jeux dangereux, à condition qu'ils ne le soient pas trop, seront rares, mais non exclus de l'éducation. Ils donnent du courage, dont on a montré la nécessité dans la vie la plus tranquille et la plus féconde. « Il faut vivre dangereusement, disait Nietzche. » Vivre est plutôt un danger permanent qu'il faut vaincre, sans le braver en téméraire et en orgueilleux.

Quant aux sports, ils fortifient, puisqu'ils constituent des exercices violents. Ils en ont donc les avantages. Qu'on s'y livre, sans s'en éprendre follement.

Le tir est fort utile et très attrayant. On peut craindre encore des agressions de brigands et de nouvelles guerres, malgré toute l'action du pacifisme. Il est donc bon d'être apte à se défendre ou à se battre. Savoir marcher, savoir viser sont indispensables, non pour envahir les pays étrangers, ni pour en tuer les habitants, mais, à l'occasion, pour en repousser l'attaque. Les vrais pacifistes ne prendront les armes contre les ennemis que contraints par le devoir patriotique. Mais s'ils condamnent la guerre, que ce soit par un jugement de leur raison, non par incapacité de la faire.

Les sociétés de gymnastique seront recommandables toujours, puisque c'est là que l'on fait des exercices d'assouplissement et d'endurcissement, avec mesure et méthode.

Celles de préparation au devoir militaire seront utiles, tant que le devoir militaire existera. Elles éviteront aux conscrits incorporés des peines disciplinaires. Elles leur adouciront le service en les y entraînant.

Il ne faut pas, en un mot, que l'éducation physique nuise à l'éducation intellectuelle et morale ; il faut qu'elle la favorise. Elle le peut aisément. Elle n'inspirera pas surtout la haine de la paix, l'amour de la guerre. Elle n'inspire ces sentiments que mal dirigée. Avec l'argent, certains sont tentés d'acheter la satisfaction de leurs vices, ce n'est pas une raison pour y renoncer, car il est indispensable à la vie, comme y est indispensable un riche trésor de forces physiques, développées par l'exercice.

Pour l'éducation intellectuelle, quelques outranciers voudraient que tout l'enseignement tournât uniquement autour de l'idée pacifiste. Celle-ci deviendrait fatigante, et prêterait peut-être à la dérision ;

ses adversaires ne sont que trop disposés à la railler.

En histoire, par exemple, le maître ne parlera-t-il plus des guerres et des guerriers ? Se bornera-t-il à représenter, à travers les siècles, les bienfaits sociaux des travailleurs de tout ordre ?

Eh bien ! non, ce serait fausser l'histoire. Il est incontestable que les batailles ont joué, dans le passé, un très grand rôle. Elles ont contribué à faire les patries, et même à répandre la civilisation. Très probablement, les patries se seraient faites, les civilisations auraient progressé sans elle, et, sans doute, plus rapidement. On ne peut pourtant l'assurer, et il est injuste de ne pas montrer ses très rares effets avantageux. Le grand principe est d'être vrai, et le pacifisme n'est beau que parce qu'il est, surtout en notre temps, une partie de la vérité. Les guerres ont été : donc, contons-les, d'autant plus qu'elles sont aisées à comprendre et intéressent les enfants. Elles ont eu de très importants résultats, heureux ou funestes : donc, montrons ces résultats. Elles ont eu des horreurs qu'il faut peindre aussi sans exagération. Elles ont donné l'occasion d'éclater à de précieuses qualités humaines : le génie, le courage, le dévouement : ne le cachons pas ! Rendons hommage aux Jeanne d'Arc, aux Turenne, aux d'Assas, aux héros de la Révolution. Ils sont admirables, même aux yeux des plus pacifistes, ceux qui ont immolé leur vie, leur bien le plus cher, à une cause qu'ils croyaient juste.

Quand nous aurons prouvé ainsi notre équité à l'égard de notre ennemie : la guerre ; nous n'aurons que plus d'autorité pour nous élever contre les conflits sanglants et sans raison, ou, tout au moins, sans utilité et sans noblesse — la plupart dans le passé sont tels —. On nous croira, lorsque nous évoquerons les ruines accumulées par les batailles, les amas de cadavres mutilés, les moissons de Wagram, flambant au loin dans la plaine.

Peignons, en histoire, la guerre avec ses rares grandeurs, la guerre avec ses permanentes barbaries. Soyons vrais, pour servir une cause vraie.

Soyons vrais, et nous rappellerons, en retraçant la vie écoulée, les travaux des savants, des penseurs, des artistes, des administrateurs, des plus modestes ouvriers : nous leur réserverons la plus large place dans nos leçons d'histoire : car ils ont eu la plus large part à la création du monde moderne.

Peindre les cruautés de la guerre, c'est en inspirer l'horreur, et c'est déjà un grand résultat pacifiste. Peindre le labeur fécond de la paix, c'est en inspirer l'amour, et c'est encore un plus important résultat pacifiste. L'éducation *sub specie mali* est profitable, a dit justement un pédagogue. Il faut montrer aux enfants ce qu'ils doivent haïr. L'éducation *sub specie boni* est plus profitable encore, a-t-il ajouté. Il faut montrer surtout aux enfants ce qu'ils doivent aimer. La vue du mal peut y endurcir ; la vue du bien produit la contagion du bien.

Soyons vrais, l'éducation pacifiste agira sur la sensibilité sans doute, mais elle s'adressera encore plus à la raison. Celle-ci est plus que le cœur l'organe du progrès.

On l'éclairera par un enseignement pacifiste spécial. Cet enseignement, nous avons exprimé, dans ce *Précis* non, évidemment, comment il devra être entendu, mais comment nous l'entendons. Nous ne pourrions que nous répéter. Il s'agira d'adapter à des enfants ce que nous avons dit jusqu'ici. Ces leçons, d'ailleurs, ne seront pas confinées à l'école primaire ou au lycée. Elles sont nécessaires pour les adultes. Pour ceux-ci, des conférences très simples suffiraient. Il faut, toujours, que l'enseignement pacifiste varie avec l'auditoire. N'oublions jamais que le bon pédagogue allie aussi, dans ce qu'il expose, l'utile à l'agréable.

S'il est permis d'ajouter quelques mots à ce qu'on

a déjà dit, on fera remarquer que, dans les leçons contre la guerre, il sera nécessaire de montrer l'évolution de l'idée de patrie. On fera sentir aux enfants que d'abord, la patrie n'était que la cité. Eustache de Saint-Pierre se dévouait à Calais plus qu'à la France. Vivant plus tard, il aurait préféré justement la France à Calais. « Il est donc possible, poursui-« vra-t-on, que, dans l'avenir, on ait à chérir une « patrie plus vaste qu'un pays. Mais, toujours, le « sacrifice à une collectivité, sans doute chaque jour « plus nombreuse, sera une obligation morale im-« périeuse. Jamais, on ne reviendra à un égoïsme « étroit et grossier, mais, au contraire, on parvien-« dra à un altruisme de plus en plus étendu. Tout « change ; l'humanité ne s'arrête à aucune de ses « étapes. Préparons-en les destinées, en exprimant « courageusement nos convictions les plus hardies « et les plus réfléchies. Mais demeurons persuadés « que le devoir de demain ne nous dispense pas du « devoir d'aujourd'hui. Si nous pensons que les « hommes auront à mourir plus tard pour la grande « patrie de la Terre, ils ont à mourir, actuellement, « s'il le faut, pour leur pays. »

Indépendamment de ces leçons spéciales de pacifisme, toutes les autres peuvent servir à fortifier la haine de la guerre. Si l'éducateur ne doit pas, dans le but de développer la fraternité universelle, exagérer les bienfaits mutuels qu'échangent toutes les nations civilisées, il est essentiel de les bien faire remarquer.

Dans les cours d'histoire, on n'hésitera pas à condamner sa patrie, lorsqu'elle aura eu tort, et à louer un peuple étranger, qui aura eu raison, fût-ce contre elle. On agira aussi dans l'intérêt de la vérité, d'abord, mais, tout autant, dans celui de son pays. Ce sera un moyen de lui éviter de pareilles erreurs. On n'a jamais corrigé les êtres aimés en flattant leurs défauts. Les maîtres montreront aussi, équitablement, quelle part chaque nation a apportée au progrès et au bonheur humains. L'idée de la monarchie constitutionelle est venue d'Angleterre, et la Déclaration des droits de l'homme, de France. Les pensées des deux pays se sont complétées. Soyons persuadés d'ailleurs que le désir d'impartialité, pour les éducateurs, ne saurait être trop grand. Dans chaque contrée, ils jugeront toujours avec leur tempérament national, et ils risqueront plutôt de pécher par excès de patriotisme. Voulant être tout à fait justes entre les peuples divers, ils seront indulgents pour le leur.

En géographie, il est nécessaire de faire ressortir combien tous les pays se communiquent leurs produits, combien ils ont besoin les uns des autres, combien toutes les lignes de chemin de fer et de navigation ont un caractère international, combien toutes les patries ont leurs attraits, combien les peuples se rendent, de plus en plus, de mutuelles visites.

Dans les sciences physiques et naturelles, le professeur doit marquer le rôle qu'y ont joué les étrangers et ses compatriotes. Il peut suivre l'histoire de quelques découvertes, pour montrer qu'elles ont commencé ici, se sont mieux éclairées là, parachevées ailleurs. Est-il un moyen plus certain de prouver la solidarité universelle des savants et de la science ?

En arithmétique, ne peut-on donner des milliers de problèmes qui convainquent du coût effrayant de la guerre moderne ?

Il est inutile de citer d'autres exemples pour expliquer notre pensée. Tous les enseignements peuvent concourir à donner l'amour de la paix et de l'humanité, sans être faussés. Tout au contraire, quand on croit les tourner au profit exclusif de la patrie, on les présente sous un jour trompeur, au détriment du pays que l'on prétend servir. Il faut être vrai. Mais nous le répétons ici, n'abusons pas de l'éducation pacifiste ! Elle est nécessaire ; elle n'est pas seule nécessaire. Il y a d'autres problèmes, dans le domaine moral, aussi intéressants que celui de la paix et de la guerre. Conservons à chaque objet son importance relative : c'est une façon d'être vrai. Ne tombons pas dans des idylles à la Berquin de fraternité générale.

La raison éclairée, ne négligeons pas, sans doute, de créer des réflexes pacifistes, de donner des habitudes de solidarité humaine. Il est bon d'accoutumer les enfants à ne pas considérer s'ils font le bien à un étranger ou à un compatriote, à ne pas se traiter entre eux avec défiance, lorsque, sur les bancs de l'école, ils appartiennent à différentes races. Pas plus qu'un bon maître ne permettra que ses élèves crient : A bas le protestant ! à bas le catholique ! à bas le juif ! il ne supportera qu'ils témoignent, en France, de l'animosité contre un italien, ou contre un allemand, en Allemagne ou en Italie, contre un français.

Ils habitueront les enfants à user de l'arbitrage dans leurs petites querelles et dans leurs jeux, comme l'a proposé M. Emile Arnaud, approuvé à l'unanimité par le Congrès de Londres.

Avant de terminer, il nous faut ajouter quelques observations sur des questions d'actualité, préoccupant les pacifistes et se rattachant à l'éducation. On parle beaucoup d'organiser, dans les divers pays, les programmes pédagogiques, de façon à ce qu'ils diffèrent le moins possible. Un élève pourrait continuer ainsi aisément, chez une autre nation, les études commencées dans sa patrie. Le Ministre de l'Instruction publique de la République française est disposé à prendre l'initiative d'une Conférence intergouvernementale, chargée de rechercher les meilleurs moyens de réaliser ce projet. Il n'y aura jamais évidemment une identité parfaite d'enseignement partout. Ce ne serait pas très souhaitable. Les besoins ne sont pas tout à fait semblables en tout pays. Les têtes des diverses races ne sont pas exactement pareilles. Les mêmes vérités n'y pénétreront jamais toutes, au moins sous la même forme. L'art de l'éducation doit être toujours un peu spécial au milieu. Toutefois, il n'en reste pas moins établi que les programmes d'études, chez les différentes nations, pourraient être, beaucoup moins qu'ils ne sont, éloignés les uns des autres. Les méthodes pédagogiques s'échangent au-dessus des frontières. Mais est-ce autant qu'il serait possible et désirable ? Les examens de même nature, dans les contrées civilisées, devraient aussi porter sur les mêmes connaissances, et les diplômes qu'obtiennent ceux qui les passent victorieusement y conférer les mêmes droits dans toutes.

A ce sujet, on a proposé avec raison au Congrès de la Paix de Milan (1906) que « les divers Gouver-« nements étudient la fondation à l'étranger d'éta-« blissements d'enseignement secondaire ou pri-« maire supérieur dans lesquels l'enseignement « serait donné suivant les programmes et les métho-« des nationaux, mais dans la langue du pays où « serait situé l'établissement. »

Les voyages scolaires, l'échange d'enfants entre les pays, les colonies de vacances, envoyées par un peuple chez un autre peuple aideront à détruire les préventions internationales et contribueront à l'éducation pacifiste.

Les femmes surtout sont aptes « à donner aux « enfants et à leurs familles des idées précises sur « la conciliation entre les races, sur les droits des « gens et sur la nécessité d'une entente universelle. »

On a remarqué encore les bons résultats obtenus par les fédérations nationales des Universités populaires de France, d'Italie et d'Allemagne. On ne peut donc que préconiser la constitution, dans toutes les nations, des fédérations des Universités populaires et des autres institutions similaires. Il serait bien souhaitable qu'on puisse grouper ces fédérations nationales en une fédération internationale.

Ajoutons que d'autres moyens auront encore pour effet de rapprocher les divers peuples.

L'étude du droit international devra être poussée davantage dans tous les États. Les législateurs se préoccuperont de supprimer les différences injustifiées que présentent entre eux les codes nationaux. En particulier ils tâcheront d'unifier les lois commerciales de toutes les patries, entre autres celles qui ont trait aux achats et aux ventes, aux dettes et aux créances. Et le principe de ces réformes sera l'obéissance à la raison qui est commune à tous les peuples et doit être la vraie souveraine de tous.

Dans chaque pays devrait, pour s'occuper de toutes les questions qui intéressent le pacifisme, et, en particulier, pour diriger la propagande et l'éducation pacifistes, exister un ministère de la paix, doté d'un budget important. Tel est le vœu qu'ont émis plusieurs adversaires de la guerre et qu'ont approuvé divers Congrès.

Concluons : c'est dans l'esprit des enfants qu'il faut commencer à faire naître la haine de la guerre, mais c'est dans l'esprit des hommes de tout âge qu'il faut développer ce sentiment. C'est aux enfants qu'on inspirera d'abord l'amour de la patrie ; c'est chez les hommes de tout âge qu'on nourrira cette affection. C'est en classe qu'on enseignera à chérir l'humanité ; c'est dans la vie que l'on apprendra à la chérir davantage. C'est le maître qui montrera à ses élèves les premiers liens internationaux et qui s'efforcera de les multiplier ; c'est à rendre les rapports entre peuples chaque jour plus nombreux que s'attacheront les pacifistes, afin d'amener bientôt l'ère de la fraternité universelle.

La générosité d'un homme aussi riche de cœur que d'argent, M. Carnegie, fait actuellement construire, à La Haye, un Palais de la Paix. Celui-ci sera ainsi qu'une invitation constante, pour tous les peuples, à s'unir définitivement. Ce splendide édifice leur parlera éloquemment, mais les éducateurs les plus pauvres, diplômés ou non, professionnels ou non, à l'école ou dans la vie, peuvent contribuer, en y employant tout leur dévouement, à bâtir dans les âmes, comme un autre palais, encore plus indestructible et plus beau : l'amour de la concorde entre tous les humains.

Table des Matières

PREMIÈRE PARTIE : *La guerre est l'ennemie.*

DEUXIÈME PARTIE : *Ce qu'on a tenté pour régler autrement que par la guerre les conflits internationaux.*

TROISIÈME PARTIE : *Ce qu'on propose encore contre la guerre.*

PUBLICATIONS

DE L'INSTITUT INTERNATIONAL DE LA PAIX

016 : 172.4

No 1. *Bibliographie de la Paix et de l'Arbitrage*, par H. La Fontaine. Tome Ier : Mouvement pacifique.
Un fort volume in-8o, Prix. 5 fr.
Edition sur fiches, Prix.... 25 fr.

341.63 (09)

No 2. *Histoire Sommaire de l'Arbitrage Permanent*, par G. Moch, en français et en esperanto.
Prix.................... 0 fr. 30

0.58 (4-0)

Nos 3, 4 et 7. *Annuaire de la Vie Internationale*, par A. Fried. (Années 1905-1906-1907).
Prix de chaque année...... 3 fr. 50
Années 1908-1909, en un gros vol. 15 fr.

341.1 « 1907 »

No 5. *Deuxième Conférence de La Haye*. Opinions, Projets, Propositions diverses.
Prix.................... 1 fr. 25

No 6. *De la Solidarité des Races humaines devant le Problème de la Paix armée* (Chine et Europe), par M. Éd. Izard, Secrétaire Général de l'Institut International de la Paix. — Prix..... 1 fr.

341.64

No 8. *L'Organisation d'une Juridiction arbitrale Internationale* par A. Vavasseur.
Prix.................... 0 fr. 75

341.64

No 9 *Projet d'Organisation de la Justice Internationale* par H. Lepert.— Prix..... 0 fr. 75

341.1 « 1907 » La Haye 2.

No 10. *Acte Final de la Deuxième Conférence de la Paix*, suivi d'un Index alphabétique et analytique, par Fred. Bajer.— Prix........ 1 fr. 25

No 11. *Histoire sommaire de l'arbitrage permanent*, 2e édition mise à jour, par G. Moch.
Prix.................... 2 fr.

No 12. *Acte Final de la Première Conférence de La Haye*. — Prix .... 1 fr.

No 13. *L'arbitrage international en cartes postales*
La pochette de 7 cartes.... 0 fr. 50

No 14. *Précis d'enseignement pacifiste*, par A. Delassus.—Prix................. 2 fr.

Imprimerie du *Petit Monégasque*.—Monte-Carlo

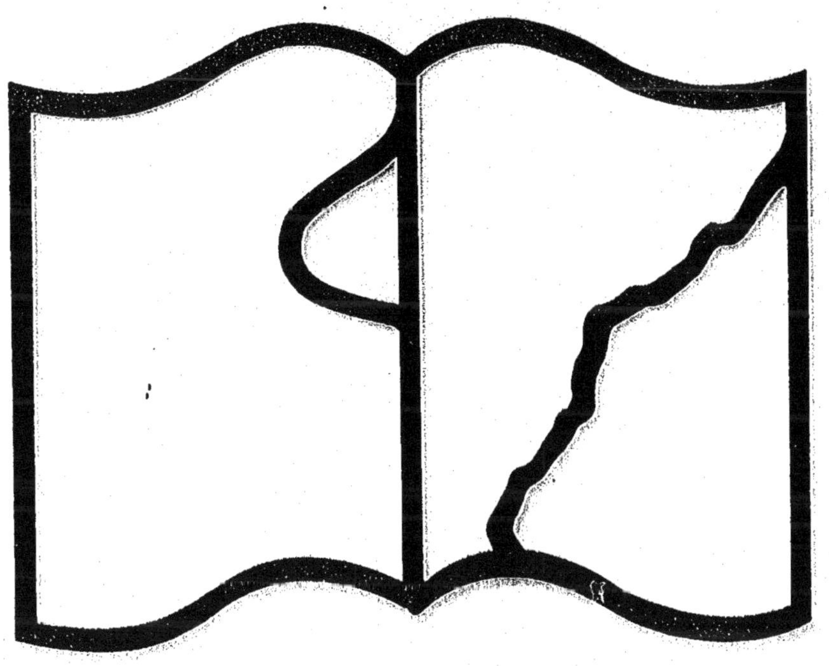

Texte détérioré — reliure défectueuse

NF Z 43-120-11

www.ingramcontent.com/pod-product-compliance
Ingram Content Group UK Ltd.
Pitfield, Milton Keynes, MK11 3LW, UK
UKHW020126200726
13856UKWH00002B/758

9 782011 930279